Bienvenue
AU CAMPING !

Bienvenue
AU CAMPING !

FRANCK COUDERC

Avec Denis Granjou

Préface de FRANCK DUBOSC

City
Document

Photo de couverture : © Laure Veille
ISBN : 978-2-8246-3749-5
Code Hachette : 34 5798 9
Collection dirigée par Christian English et Frédéric Thibaud
Catalogues et manuscrits : city-editions.com

Dépôt légal : Mars 2023

Sommaire

Préface

Mes Flots bleus par Franck Dubosc

Indestructibles. Je croyais au plus profond de moi que Les Flots bleus étaient indestructibles. Juste avant le début de l'incendie, j'avais prévu de passer au camping où je n'étais pas allé depuis le tournage de *Camping 3*. Une éternité. Quand j'ai vu que les flammes rendaient impossible par leur violence toute circulation, j'ai eu l'impression que l'on me privait de voir quelqu'un de cher. Comme un membre de sa famille que l'on se fait une joie de retrouver après une longue absence, mais qui reste désespérément hors de portée. Malgré les informations toujours plus alarmantes, j'ai longtemps refusé d'envisager le pire. Ce qui est assez paradoxal, c'est que je suis d'un caractère plutôt pessimiste dans la vie mais cette fois je voulais rester résolument optimiste. Non, Les Flots bleus ne pouvaient pas brûler. Durant toute cette période j'ai reçu un nombre incalculable de messages qui m'encourageaient à rester positif dans ce contexte difficile. C'était vraiment comme si le camping était un patient dans une chambre d'hôpital, souffrant d'une maladie grave dont l'issue était incertaine. Je le savais déjà mais j'ai vraiment mesuré l'incroyable popularité de ce lieu auprès des gens. Quant à moi, je n'ai pu qu'assister, impuissant, aux ravages causés par ces flammes effrayantes jusqu'à la destruction des Flots bleus.

Moi aussi je m'interroge sur ce qui a empêché l'incendie de détruire la totalité du site. Seuls les endroits qui ont servi de décor aux différents tournages ont été épargnés. Je n'ai vu que quelques clichés des lieux après le passage du feu. Suffisamment pour me rendre compte combien le paysage a été totalement bouleversé. L'âme de Patrick Chirac s'est alors réveillée en moi. Que pourrait penser mon personnage de la situation, lui est qui est si attaché à l'ordre immuable des choses ? On revient au même endroit chaque année parce que, justement, c'est le même.

Si l'endroit n'est plus tout à fait le même, a-t-on envie d'y revenir malgré tout ? C'est à cet instant précis que mon enfance, jamais très loin de moi, est revenue frapper à ma porte. Je me suis souvenu que mes parents qui m'ont appris à aimer le camping me répétaient souvent, quand je leur demandais pourquoi on allait toujours au même endroit : « Mais Franck, pourquoi veux-tu changer ? Tu sais, quand ils changent, les gens savent ce qu'ils perdent mais pas du tout ce qu'ils retrouvent. »

Alors nous n'avons jamais changé. Chaque été le même cérémonial. Le même périple. Nous quittons la Normandie pour le Périgord. Grand-Quevilly-Cénac et Saint-Julien. 652,3 kilomètres. Une fois arrivés à destination, nous plantons la grande tente dans le camping municipal au bord de la Dordogne. Nous avons toujours le même emplacement. Le 17. Oui, comme Jacky Pic. Mon premier souvenir de ce camping remonte à l'année de mes six ans. Un orage s'est abattu sur nous un soir sans prévenir. Je revois les tentes qui s'envolent avant de se retrouver dans les eaux de la Dordogne. Les gens qui crient et le calme qui revient peu à peu. Cet événement climatique n'a pas altéré la philosophie de mes parents puisqu'ils sont retournés durant trente ans dans ce magnifique coin de France, et moi avec eux. Mon père a eu du mal à accepter que les sanitaires changent d'emplacement. Je l'entends encore me dire : « Tu vois, avant, les sanitaires étaient là... » C'était comme une cicatrice invisible.

Quand je fais le compte, je suis allé dans ce camping de 1 an jusqu'à 37 ans. J'y suis revenu il y a une dizaine d'années pour un tournage de télévision avec Laurent Boyer et l'émotion était intacte. Nous avons évoqué cette période de ma vie autour d'un feu de bois. Comment ne pas penser avec nostalgie à ce petit monde qui nous permet de découvrir la vie tout simplement ? Les premières virées à vélo avec les copains en faisant la course devant la réception, les premiers pas de danse sur les tubes de l'été, les premiers slows, les premières amours, les initiales gravées au milieu d'un cœur sur un tronc d'arbre à la pointe d'un couteau...

Le camping a toujours été pour moi une parenthèse enchantée et une source intarissable d'inspiration. J'ai écrit tous mes souvenirs sur un cahier orange que je garde encore précieusement chez moi et dont les notes ont largement servi durant les tournages de la trilogie des *Camping*. Initialement, ce cahier était destiné à mon projet de film *14 juillet-15 août*. J'avais essayé de travailler certaines scènes avec Michel Lang qui m'avait dirigé dans mon premier film en 1985. Il avait réalisé en 1978 *L'Hôtel de la plage* que j'avais beaucoup aimé et que j'imaginais transposer avec mon propre univers dans un camping. Mais finalement, je n'ai pas réussi à trouver la bonne alchimie à ce moment-là.

Pendant longtemps, personne parmi les décideurs du monde du cinéma n'a vraiment compris ce que je voulais faire. Le camping ne leur apparaissait pas vraiment comme un univers qu'il fallait explorer. Heureusement, j'ai rencontré un campeur comme moi. Un réalisateur campeur pour être exact. Fabien Onteniente. Lui aussi connaissait bien ce monde pour l'avoir pratiqué dans sa jeunesse. Lorsque je lui ai expliqué mon idée, il m'a tout de suite fait comprendre que nous étions exactement sur la même longueur d'onde. Quand nous avons avancé dans l'écriture du projet, je me suis aperçu que peu de monde parmi les producteurs connaissait vraiment le camping. Il y avait ceux qui avaient été scouts ou qui avaient fait du camping sauvage mais personne n'avait réellement passé du temps dans un vrai camping.

Dès les premières scènes tournées, j'ai su que nous étions partis pour une fabuleuse aventure avec ce film. Ce film était tellement dans mon cœur et je l'abordais avec une telle sincérité que je ne pouvais imaginer qu'il ne fonctionne pas auprès du public. Ensuite, la musique des mots et des répliques, sans oublier bien sûr les paysages sublimes de la dune du Pilat, ont fait le reste.

Aujourd'hui quand on me demande si je n'en ai pas assez qu'on me parle de Patrick Chirac, je réponds systématiquement que c'est tout le contraire. Quel acteur ne peut pas se réjouir de voir le personnage qu'il incarne entrer dans la vie des gens ? D'ailleurs à ce sujet, je vais vous faire une confidence sur le « costume » de Patrick Chirac. Lorsque nous avons réfléchi à la tenue qu'il pourrait porter dans le camping, je suis tombé sur un portant où était accroché un cintre. Sur ce cintre : le maillot de bain et le marcel tels que vous les connaissez. J'ai choisi l'ensemble comme une évidence. Temps de l'opération : trois secondes !

Lors de nos séances d'écriture avec Fabien, notamment pour *Camping 3*, il est aussi arrivé que, pour que nos imaginations fonctionnent à plein régime après de longues heures de réflexion, j'utilise mon arme secrète sans rien dire à mon acolyte. Je frappe à la porte. Il m'ouvre. Je suis en tenue de Patrick Chirac. On rit et on crée ! Pour la petite histoire, je conserve précieusement cette relique dans une armoire chez moi.

Ma femme a tenté une fois de s'en débarrasser, mais heureusement je veillais au grain…

— Franck, ce n'est pas un musée du cinéma ici, m'a-t-elle lancé avec insolence.

— Oui, je sais mais c'est un musée du souvenir, lui ai-je répondu avec nostalgie.

De toute façon, je dois vous faire une confidence, pas sûr que je ressorte cette tenue dans le futur. Je sais que le public aimerait que nous partions à nouveau pour un *Camping 4*. Alors, je pourrais vraiment accepter mais la tribu des Flots bleus a hélas perdu Claude Brasseur et Mylène Demongeot. Mathilde Seigner a déclaré qu'elle ne voulait plus participer. *Camping*, ce n'est pas seulement Patrick, c'est aussi et surtout toute cette bande venant d'horizons différents. Mais je ne veux pas être définitif, le cinéma est magique. Un scénario solide et une volonté farouche peuvent faire basculer toutes les certitudes.

Et puis je sais que si ce quatrième volet ne se fait pas, la critique sera déçue… J'ai encore en tête ce gros titre dans un journal lorsque le premier film est sorti sur les écrans : « *Camping* : Les vacances commencent mal ! »

Mais l'heure n'est pas aux polémiques sans importance. L'essentiel est que le camping des Flots bleus reprenne vie. Je sais tous les efforts qui sont faits pour relever le défi après cette terrible catastrophe. Je veux rendre hommage à toutes ces personnes qui se battent au quotidien pour pouvoir repartir.

J'englobe bien sûr tous les campings de ce lieu magnifique. Ce sont des gens debout qui ne se plaignent pas et qui regardent devant eux. Je suis sûr que les campeurs vont revenir. Quant à moi, je vais aussi essayer de passer un jour au camping. Je sais exactement où je me rendrai tout de suite. Mon endroit préféré, que je ne changerai pour rien au monde. Je sais qu'il a été miraculeusement épargné par les flammes durant ce maudit mois de juillet 2022. C'est le bal des Flots bleus. La scène, la piste de danse, les tables et les chaises sous le ciel étoilé. Pourquoi changer ? On sait toujours ce qu'on perd en partant, on ne sait jamais ce qu'on retrouve…

Prologue

Je tiens d'abord à associer à ce livre les équipes des quatre autres campings de la dune du Pilat qui ont brûlé eux aussi lors du Grand Incendie de l'été dernier. Je sais les larmes versées et le désespoir des équipes après le passage du feu. Je sais aussi toute l'énergie qu'elles ont dû déployer pour faire face et repartir de l'avant.

Ce qui s'est passé nous a toutes et tous profondément marqués, que ce soit la population du bassin d'Arcachon qui a assisté, impuissante et sidérée, à ce désastre écologique, mais aussi tout notre pays qui a manifesté sa solidarité et son soutien au fil des jours d'angoisse qui se sont succédé jusqu'à la maîtrise définitive des flammes.

Je ne suis pas vraiment du genre à faire de la démagogie et ceux qui me connaissent bien le savent mais je veux aussi crier ici mon immense merci aux pompiers, sauveteurs, secouristes, bénévoles, et à toutes ces femmes et ces hommes de bonne volonté qui ont œuvré sur le terrain sans compter leurs heures. Quant à nous, petite troupe d'amoureux fous de la dune du Pilat et de sa forêt, nous avons traversé cette épreuve comme nous l'avons toujours fait depuis que ce camping existe : unis comme une famille. La grande et belle famille des Flots bleus.

Jamais l'un d'entre nous n'aurait imaginé qu'une telle catastrophe puisse survenir. Bien sûr, nous savions qu'en 1949 un immense incendie avait détruit 50 000 hectares et causé la mort de 82 personnes à quelques kilomètres de la dune mais depuis, il n'y avait eu aucune alerte.

Pour être sincère, même quand la fumée flottait au-dessus du camping avant que les flammes ne viennent dévorer nos bâtiments, je n'arrivais pas à le croire. Pourtant il nous a fallu nous rendre à l'évidence et évacuer les lieux.

Alors aujourd'hui, je vous propose de revivre avec nous tout ce qui s'est passé l'été dernier mais aussi de remonter le temps pour explorer le passé de ce camping qui est une partie de nous-mêmes. C'est marrant mais il me revient en mémoire, au moment où j'écris ces lignes, une formule de Winston Churchill, que j'ai découverte un soir lors d'un jeu autour d'une table du camping où il fallait deviner qui disait quoi. Elle me semble parfaitement adaptée mais n'hésitez pas à me contredire si vous n'êtes pas d'accord : « Plus vous saurez regarder loin dans le passé, plus vous verrez loin dans le futur ! » Pas mal, non ?

1

Les premières sardines sur le sable

1964. Une grande année pour Les Flots bleus ! Son premier propriétaire, Jean Pigeard, obtient l'autorisation administrative de créer un établissement de tourisme de plein air au pied de la dune du Pilat le 17 avril. L'histoire de notre camping est en marche mais dans le même temps, le bassin d'Arcachon est en ébullition.

Juste avant l'été de cette fameuse année 1964, plusieurs centaines de pinasses, ces bateaux traditionnels en bois du Bassin, font retentir leurs cornes de brume pour protester contre l'improbable projet d'installation de puits de pétrole au milieu de l'eau. Les promoteurs de ce projet envisagent de lancer des forages au milieu de l'eau à quelques battements d'aile de mouettes de l'Ile aux Oiseaux. Une hérésie !

Toute la population se solidarise avec les ostréiculteurs et les pêcheurs pour faire reculer leurs instigateurs. Face à cette colère légitime et à la détermination des *gens du Bassin*, les pétroliers repartent avec leurs barils vides, sans se retourner. Plutôt que le noir du pétrole, le Bassin préfère définitivement, avec raison, la couleur du soleil qui illumine son trésor millénaire fait de milliards de grains de sable dorés. Justement, la dune du Pilat, durant ces années-là, est déjà monumentale mais bien différente d'aujourd'hui. Bien sûr, elle est déjà connue mais elle attire en majorité des visiteurs de la région qui trouvent en elle le décor idéal pour passer un dimanche en famille avec une vue époustouflante sur le Banc d'Arguin. Ce banc de sable, qui est lui aussi d'une beauté à couper le souffle, forme une frontière naturelle entre l'océan Atlantique et le bassin d'Arcachon. Il y a peu, au hasard d'une de mes lectures, j'ai appris que 200 et 400 millions de mètres cubes d'eau entrent et sortent chaque jour par cette voie à une vitesse de 2 mètres par seconde. Le banc en perpétuel mouvement semble pourtant toujours le même. Je vais vous faire une petite confidence. Si vous avez envie de vous faire un kif matinal inédit et intense. Venez à la dune très tôt le matin. Avant d'arriver, faites le plein de chocolatines dans une boulangerie sur votre route (vous ne trouverez pas de *pains au chocolat* dans notre contrée). Descendez de votre voiture avec un sac à dos dans lequel vous aurez pris soin de glisser une Thermos de café, de thé ou de chocolat.

Ensuite, commencez l'ascension de la dune. Une fois en haut, avancez vers l'océan. Quand vous avez trouvé votre position idéale, posez vos fesses sur le sable. Il ne vous reste plus qu'à attendre que le jour se lève et que les premiers rayons de soleil pointent le bout de leur nez. Ce sera un petit-déjeuner magique dont vous vous souviendrez ! Cette balade initiatique fonctionne aussi pour le pique-nique du midi, bien sûr, mais aussi et surtout pour le dîner. Grignoter quelques crevettes avec une mayonnaise maison sur un bout de pain de campagne avec un verre de vin blanc sec au-dessus de l'océan me paraît être une saine activité.

Mais refermons cette parenthèse géologico-gastronomique pour nous replonger un peu dans le passé récent de la dune. Un demi-siècle en arrière. Pas de parking payant, pas de sens de circulation. On arrive devant la dune en voiture et on se gare comme on peut. En 1965, seul un petit café situé au pied de la montagne de sable propose des boissons fraîches à toutes celles et tous ceux qui grimpent vers le sommet. On est encore loin des deux millions de visiteurs qu'elle accueille aujourd'hui chaque année mais l'intérêt des amoureux de la nature pour cette merveille ne fait que croître au fil du temps, bien au-delà des limites de la Nouvelle-Aquitaine.

Même notre astronaute Thomas Pesquet est tombé sous le charme en réalisant des photos incroyables de la dune depuis le hublot de sa station spatiale, à 400 kilomètres d'altitude. Si les extraterrestres tombent sur ces clichés, je parie qu'ils choisiront le bassin d'Arcachon comme lieu de vacances ! Pour ceux qui ne le savent pas, nous avons la chance ici (plus exactement à Arès, de l'autre côté du Bassin, presque pile en face de nous…) de pouvoir compter sur un ovniport. Il a été inauguré en 1976. Bon, *a priori*, personne n'a signalé d'atterrissage d'Aliens à ma connaissance. Si vous passez par là, arrêtez-vous pour faire une photo près de la soucoupe volante qui est l'emblème de ce lieu insolite.

Quant à l'orthographe exacte que l'on doit employer quand on évoque la dune, elle est simple : PILAT. La confusion est souvent faite avec PYLA. Cette dernière correspond en fait à un nom commercial imaginé par un promoteur immobilier pour un lotissement construit entre 1926 et 1932 entre la dune et le quartier du Moulleau.

L'origine du mot *Pilat* serait issue du mot de patois gascon *Pilàt* qui signifie « Tas ». Jusqu'au début du XXe siècle, personne ne disait : « Tiens, je vais à la dune du Pilat » mais plutôt : « Je vais au Sabloney », le nom du quartier à l'époque. Selon les archives, le nom « dune du Pilat » apparaît pour la première fois en 1930 et le « Sabloney » tombe peu à peu dans l'oubli.

Le tout premier camping au pied de la dune est créé en 1962 sur une surface de 4 hectares. C'est le *Petit-Nice*. Il existe toujours même s'il n'a pas non plus été épargné par le Grand Incendie. Notre camping des Flots bleus, dont le nom originel est le Camping de la dune, ouvre sa réception aux premiers campeurs le mercredi 6 juillet 1966. Il s'étend sur 10 hectares et il est prévu pour 400 vacanciers qui dorment exclusivement sous des toiles de tente. Le camping est enregistré en première catégorie, soit une étoile ! Même si les conditions d'accueil sont relativement sommaires en ces temps héroïques des pionniers des nuits sous une toile de tente, le tourisme populaire est en plein essor. C'est la grande époque des structures en toile orange, marron ou bleue, qui nécessitent l'emploi de nombreux tubes en ferraille… Une fois sortis de leur sac en jute et dispersés sur le sol, ils font penser à un Mikado géant qu'il faut assembler patiemment.

La dune du Pilat devient un pôle d'attraction pour tous ces vacanciers qui peuvent s'offrir eux aussi des séjours dans un lieu idyllique à quelques battements d'ailes de mouette des villas luxueuses construites face au bassin d'Arcachon, sur la presqu'île du Cap-Ferret. Une réalité qui perdure encore aujourd'hui.

Au fil des saisons, le camping s'équipe de bâtiments en dur. Des blocs sanitaires et une épicerie voient le jour. Peu à peu, le site se modernise avec toujours plus de confort et, en 1969, le camping est classé pour la toute première fois « trois étoiles ». Sa capacité est de 1 000 vacanciers pour 335 emplacements. En 1985, alors que les touristes se déhanchent la nuit sur les pistes de danse avec le tube de l'été *Like a Virgin* de Madonna, le camping inaugure sa première piscine. Elle a depuis été totalement engloutie par le sable sous la dune et remplacée par une seconde qui n'a pas résisté bien longtemps à l'incendie, mais je vous en reparlerai.

C'est aussi l'époque de l'immense popularité de la « Cabane bambou ». C'est un bar qui, comme son nom l'indique, est conçu totalement dans l'esprit tropical. Si vous ajoutez une bonne sono et des DJ déchaînés, vous obtenez un lieu festif qui a attiré un flot continu et important de vacanciers mais aussi de locaux durant de nombreux étés. On m'a raconté qu'un autre endroit était très prisé par nos campeurs durant les mois d'été : le terrain de volley, qui était tracé au pied de la dune. C'est là, un peu à l'écart des gens, que les plus jeunes venaient se retrouver avec les bons vieux « ghetto-blaster » posés sur le sol, d'où s'échappaient les décibels. Durant les années 1980, je crois qu'à défaut d'offrir à la France des pros du volley, ce spot « les pieds dans le sable » a permis l'éclosion de nombreux couples… Amours de vacances ou parfois histoires romantiques au long cours. D'ailleurs, j'ouvre une petite parenthèse à ce sujet pour confirmer que nous avons aujourd'hui le plaisir de recevoir des enfants de ceux qui se sont connus durant leurs séjours ici il y a bien longtemps et que je peux parier avec vous que leurs enfants viendront ici nous voir à leur tour. C'est là aussi que réside la force des Flots bleus. J'espère que cela durera encore longtemps. En tous les cas, moi, je serai toujours là pour les accueillir, avec un grand sourire et toute l'équipe du camping à mes côtés.

Mais retournons tout de suite à la grande histoire du camping à travers le temps. Les années 1980 s'accompagnent aussi de l'arrivée des premiers mobile-homes. Ils sont majoritairement fabriqués en Angleterre, pays qui a inventé ce concept au milieu des années 1950. Après tout c'est assez logique que les Britanniques en soient les concepteurs puisqu'on leur doit aussi l'invention du camping tel qu'on le connaît aujourd'hui. En préparant ce livre, je me suis d'ailleurs penché sur l'origine du mot « camping », histoire de briller en société, le soir autour d'un petit apéro… au camping justement !

Les premiers campeurs de l'histoire remontent à l'Antiquité. Ce sont les Romains. Quand ils se déplaçaient dans leur immense empire aux quatre coins de l'Europe, ils se reposaient entre deux batailles dans des *campus*, de véritables villages de tentes entourés de fortifications. *Campus* se traduit par « domaine ». Le terme est d'ailleurs toujours utilisé chez nos amis Anglo-Saxons en référence aux logements de la communauté étudiante : les campus universitaires.

Beaucoup plus tard, bien après ces fous de Romains chers à Astérix et Obélix, ce sont les têtes couronnées qui se sont mises elles aussi à dormir sous des tentes. Mais là, le standing est monté sérieusement en gamme. Le camping royal le plus célèbre reste celui du « Drap d'or ». Il est resté ouvert du 7 au 24 juin 1520, pas très loin de Calais. C'est une sorte de délire champêtre entre François Ier, roi de France, et Henry VIII, roi d'Angleterre. Un sommet France-Angleterre en quelque sorte, comme au rugby mais sans le ballon. Selon les documents historiques de l'époque, le camp a rassemblé plus de 10 000 personnes originaires des deux pays. D'un côté, les Français de François Ier avec 400 tentes couvertes de fil d'or et de soie. Bien sûr, l'espace réservé au roi de France est spacieux. Son pavillon, tenu par des mâts de bateau, est recouvert d'un immense drap d'or. Normal, c'était un petit peu le grand patron. De l'autre côté, Henry VIII veut lui aussi montrer qu'il n'est pas en reste et il fait carrément construire une structure en dur qui mélange les briques, le bois et le verre. On est dans le camping top niveau, je vous avais prévenus.

Bon, pour la suite, je ne sais pas quelles ont été les véritables répercussions politiques de ce camping hors norme mais quand on regarde ce qui a été consommé, on se dit que le séjour n'était pas scénarisé par un intendant végane : 100 000 œufs, 800 veaux, 300 bœufs, 3 000 moutons, 66 000 litres de bière et 200 000 litres de vin. Pour digérer, le camp offrait des animations basées essentiellement sur des tournois de chevaliers qui partaient au grand galop avec leurs lances pour se faire chuter de leurs montures. Cette activité bruyante et risquée, pas vraiment idéale pour la digestion, a été heureusement remplacée depuis par une discipline plus paisible : la pétanque sous le chant des cigales.

Ensuite il a fallu attendre 1875 pour que soit créée la première association de campeurs, en Angleterre justement. Il faut quand même préciser que ce camping originel n'a pas grand-chose à voir avec le camping tel qu'on le conçoit aujourd'hui. À l'époque, il est exclusivement pratiqué par de riches aristocrates qui partent en roulotte, façon bohème, au milieu de leurs immenses propriétés. En France, le tout premier camping a été construit en 1936 à Pornichet. Il s'appelle le Bel-Air et il est toujours tenu par la même famille depuis sa création. Chapeau !

Puisque j'ai évoqué l'Angleterre, je voudrais revenir rapidement sur une autre invention d'outre-Manche qui me tient particulièrement à cœur : le rugby ! Mes deux grands garçons le pratiquent et je suis moi-même vraiment passionné par ce sport. Nous avons reçu en 2014, l'équipe de rugby professionnelle de l'Union Bordeaux-Bègles qui évolue au plus haut niveau en France. Les dirigeants du club avaient eu la bonne idée d'associer toutes les familles des joueurs à ce stage de préparation d'avant-saison. Elles avaient toutes un mobile-home et certains joueurs qui dépassaient allègrement les 2 mètres devaient dormir dans le salon car nos lits standard étaient beaucoup trop petits pour eux.

Les vacanciers qui ont pu assister aux différents entraînements se sont rendu compte de l'incroyable débauche d'énergie des rugbymen pour tenir le coup. Je me souviens notamment d'un exercice où les joueurs devaient se relayer pour porter des boucliers de plaquage en mousse en différents points de la dune, bien sûr avec obligation d'aller jusqu'en haut de cette dernière ! Je revois aussi les joueurs qui avaient les physiques les plus imposants courir tôt le matin dans les allées du camping pour perdre quelques kilos en trop en prévision des premiers matchs officiels. Ce séjour a été génial et il s'est terminé comme une aventure d'Astérix, par un grand banquet, mais sans que notre barde DJ soit contraint d'y assister suspendu à un pin et la bouche bâillonnée ! J'aimerais à nouveau accueillir une équipe comme l'UBB dans le futur, et pourquoi pas l'équipe de France !

Ils viennent désormais en stage de préparation à Capbreton dans les Landes. Si le staff des Bleus veut faire un détour aux Flots bleus, je trouve que ce serait raccord. En parlant de nos joueurs tricolores et du grand chelem génial qu'ils ont réalisé en 2022 lors du tournoi des Six Nations, j'ai hâte de retrouver mon sympathique couple d'Anglais passionnés de parapente qui vient chaque année pour voler sur la dune… un peu pour leur dire bonjour et beaucoup pour les chambrer ! Mais au-delà de la blague, nous essayons le plus possible d'accueillir des sportifs et des associations sportives en leur offrant des prix préférentiels. Ils n'ont pas forcément de grands moyens financiers pour participer à des compétitions dans la région. Nous avons ainsi reçu des spécialistes du triathlon, du roller, de la voile, du bodysurf… et nous avons bien l'intention de continuer dans cette voie. Je m'aperçois que je n'ai pas cité l'équipe de France de football. N'y voyez là aucun mauvais esprit de ma part. Les bleus du ballon rond nous ont fait vibrer durant les coupes du Monde que nous avons bien sûr diffusées sur de multiples écrans dans le camping. Donc si Killian, Olivier ou Grizou veulent venir nous voir, nous les accueillerons avec un grand plaisir. Un match de foot sur la Dune avec des serviettes de bain pour faire les cages, j'avoue que ça pourrait être sympa dans le futur.

Pour conclure définitivement mon chapitre sur nos amis anglais, je veux leur rendre hommage pour deux de leurs inventions qui ont révolutionné le camping : le camping-car et le mobile-home. En France, le terme « camping-car » apparaît officiellement dans les dictionnaires en 1974 mais l'invention remonte une vingtaine d'années auparavant. Il faut tout de même préciser, avec là encore un peu de chauvinisme, que durant les années 1950, l'esprit inventif tricolore s'illustre par l'intermédiaire d'André Digue. C'est un ferrailleur mécanicien bricoleur de génie. Il lance sur le marché le premier camping-car français de l'histoire : le Passe-Partout. Il a une capacité de deux à six personnes pour un poids total d'une tonne. Sa motorisation n'est que de 46 chevaux avec une boîte trois vitesses. Venir avec à l'époque sur les routes du bassin d'Arcachon devait être beaucoup plus facile que se lancer à l'assaut du Tourmalet dans les Pyrénées.

Avant la catastrophe de l'été 2022, on accueillait chaque année de très nombreuses familles qui voyageaient en camping-car. J'espère que cette habitude continuera avec le nouveau Flots bleus. Nous sommes même prêts à inviter l'acteur Will Smith qui semble passionné par ce mode de vacances puisqu'il a tout de même dépensé la coquette somme de 2,5 millions de dollars pour sa construction. Il mesure plus de 16 mètres de long avec un étage amovible que l'on peut faire glisser automatiquement et un escalier en bois massif (construit en France) si on souhaite monter (ou descendre). La surface habitable dépasse les 100 m^2. Donc Will : *Welcome !* Dès qu'il arrive à La Teste, je lui lance un défi à la pétanque. J'espère qu'il sait jouer. En plus, c'est pratique, en américain, « pétanque » se dit *pétanque*.

Maintenant, évoquons le mobile-home, autre invention anglaise qui s'appelait à l'origine *static caravan*. L'histoire n'a pas retenu le nom de son inventeur mais on sait que les premiers modèles étaient fabriqués en aluminium. Ce sont d'abord les Américains qui se sont emparés de cette nouvelle forme d'habitation avant qu'elle ne déferle en Europe, et notamment dans les campings. Aujourd'hui, elle se décline dans des formes et des appellations différentes : cottage, chalet et bungalow…

Mais après cette digression qui peut laisser penser que je prépare une thèse sur le sujet, revenons à la longue saga des Flots bleus là où nous l'avions laissée, à la fin des années 1980. Durant les années qui suivent, le camping fait l'objet d'aménagements réguliers, notamment au niveau des sanitaires. Les emplacements pour des toiles de tente restent nombreux mais l'hôtellerie de plein air est en plein bouleversement. Les Flots bleus suivent logiquement le mouvement et en 1990, on installe les premiers chalets sous les pins. Un an plus tard, le camping est récompensé par trois étoiles. La consécration. C'est l'époque où les mobile-homes commencent à faire leur apparition même s'ils sont encore loin d'être majoritaires sur le site. La tendance de construction de structures en dur se confirme avec l'arrivée de cinq nouveaux chalets en mars 1992. L'histoire du camping prend un nouveau virage capital avec l'arrivée à sa tête d'un homme incroyable. Il s'appelle Gilbert Cordier. Il vaut à lui seul un chapitre tant il a compté pour nous tous dans cette aventure, mais d'abord, ouvrons celui consacré à la star des stars : la dune du Pilat.

Rassurez-vous, je n'ai pas l'intention de vous faire un cours magistral sur ce phénomène naturel extraordinaire que représente la dune du Pilat. Mais quand on a la chance comme moi de vivre toute l'année au pied de ce lieu, on a envie de mieux le connaître. Je me souviens être tombé par hasard sur le site internet d'un mathématicien passionné par la dune. Il répondait à une question que je ne m'étais jamais posée : Combien de grains de sable composent la dune ? Je ne vais pas reprendre toutes ses démonstrations mais je vous propose d'en faire un résumé.

Il est d'abord parti du principe qu'il faut 5 000 grains de sable pour remplir un volume d'un mètre cube. Ensuite, il a pris en compte la hauteur de la dune, qui, cette année-là (2016), était de 110 mètres, sa largeur, 616 mètres, et sa longueur, 2 900 mètres. Jusqu'ici, vous suivez ? Alors, je continue… Je ne vais pas vous mentir, je me perds totalement dans ses calculs savants et je suis bien incapable de vous les détailler mais il parvient à estimer que le volume de la dune est de 198 millions de mètres cubes de sable. Un mètre cube contient selon lui 5 000 millions de grains donc au total la dune contient 1 milliard de grains de sable !

Ces chiffres donnent le vertige et prouvent l'incroyable complexité de ce monument naturel unique. Mais plus que tous les chiffres et toutes les données géologiques, ce qui ressort surtout de ce lieu, c'est sa beauté ! La dune fait partie de ma vie depuis mon arrivée à la direction du camping. Je dis souvent qu'elle nous permet de manger mais, en même temps, qu'elle nous mange aussi. Chaque année, le sable avance inexorablement et réduit toujours un peu plus la superficie des Flots bleus. Elle a gagné près de 40 mètres durant ces dix dernières années et nous savons tous qu'à plus ou moins longue échéance, elle engloutira le camping et les alentours.

La dernière hauteur officielle de la dune pour l'année 2022 est estimée à 102,4 mètres sur son point culminant. Ces calculs sont établis chaque année par les spécialistes de l'Observatoire de la côte de Nouvelle-Aquitaine. Cette étude est menée depuis 2009. Cette année-là, elle culminait à 107,9 mètres. Mais il ne faut surtout pas croire que la dune perd de la hauteur à chaque mesure. Ainsi en 2017, les agents de l'Ocna ont mesuré une hauteur de 110,5 mètres.

La dune du Pilat, c'est aussi près de 2 millions de visiteurs annuels, ce qui la positionne dans le top 10 des sites naturels les plus visités en France. Elle occupe même sur la deuxième marche du podium entre les falaises d'Étretat et le Mont-Saint-Michel. Pour nous, cela se traduit régulièrement par des visiteurs qui, pour éviter de payer le parking sur le site d'accueil de la dune du Pilat, se garent sur les bas-côtés de la route pour l'escalader. Embourbement garanti au retour à la voiture. C'est donc régulièrement que nos équipes viennent au secours de ces automobilistes pour les sortir du sable. Ils sont généralement embarrassés mais très reconnaissants.

2

Le camping selon Gilbert !

Même si plusieurs propriétaires se sont succédé avant son arrivée, c'est Gilbert Cordier qui a véritablement mis sur orbite Les Flots bleus. À l'époque, il ne portait pas encore le titre du film et tout le monde le connaissait sous son nom originel : le Camping de la dune. Entre Gilbert et le camping, cela a été un véritable coup de foudre. Pourtant, je crois que rien ne le prédestinait à devenir le propriétaire d'un camping. C'est d'ailleurs une constante avec ce lieu. Il accueille en son sein des personnes qui n'avaient absolument pas programmé de s'y arrêter un jour mais qui ne le quitteraient aujourd'hui pour rien au monde ! Prenons le temps de nous attarder un peu sur la vie de ce personnage dont le souvenir n'est pas près de s'effacer dans nos mémoires.

Gilbert est né en Algérie. Il doit quitter son pays natal en 1962 et il arrive à Chartres, en Eure-et-Loir, à tout juste 18 ans. Après son service militaire à Lunéville, il rencontre Janine qui deviendra sa femme. Durant ses premières années professionnelles, diplômé d'architecture, il entre dans un bureau d'études et participe activement à la construction de grandes réalisations dont la création de la station d'Isola 2000, dans le haut pays niçois, et à la conception du CHU et du centre commercial Saint-Sébastien de Nancy. Mais Gilbert est un homme d'action et il aime bouger. Après plusieurs années, il décide de tout plaquer pour se lancer dans un secteur novateur auquel il croit dur comme fer : la photocopie. Oui, il passe en toute facilité de la réalisation de grands projets architecturaux à des machines nouvelles qui commencent à apparaître dans les bureaux. Une révolution technologique est en marche et Gilbert le sait. Il commence au bas de l'échelle. Il devient donc vendeur chez Rank Xerox, une société américaine, leader de ce marché novateur où tout reste à faire en France. Comme à son habitude, Gilbert se démène pour évoluer dans la hiérarchie de l'entreprise, et Janine et lui deviennent parents d'un petit Sébastien qui naît en juin 1970, et d'une petite fille, Aurélie, qui arrive dans la famille Cordier en novembre 1972.

En 1983, il devient directeur d'agence et toutes les portes de la société lui semblent grandes ouvertes mais il voit arriver sur le marché un concurrent de Rank Xerox qui lui semble encore plus prometteur : Kis Technologie. Il faut dire que cette société innove elle aussi dans le secteur de la photocopie en proposant la couleur, contrairement à Rank Xerox qui travaille uniquement le noir et blanc. Rapidement, il crée sa propre société à Bordeaux et il se positionne à l'avant-garde de la technologie en s'engouffrant sans hésiter dans un nouveau secteur qui pointe le bout de son antenne : le téléphone portable.

Mais décidément, Gilbert a toujours besoin de nouveaux challenges. À la surprise générale, il décide de tout changer encore une fois pour se consacrer à l'automobile. Sa belle-mère aura d'ailleurs cette formule pour son gendre touche-à-tout : « Toi dans la voiture ? Mais tu ne sais même pas changer une roue ! » Mais même sans connaissances particulières préalables en mécanique, comme dans toutes ses autres aventures professionnelles, Gilbert réussit tout ce qu'il entreprend à force de travail et d'abnégation. D'enthousiasme, aussi !

Pendant que ses deux enfants Aurélie et Sébastien partent étudier aux États-Unis, Gilbert tisse sa toile sur la Gironde, où il fonde plusieurs grandes concessions automobiles et en rachète d'autres pour les faire grandir et prospérer. Aujourd'hui, la plupart d'entre elles existent toujours à Bordeaux et dans son agglomération, même si elles ont depuis changé de propriétaire. Malgré un emploi du temps chargé, Gilbert trouve encore le temps de s'adonner à sa passion : le bridge. Mais c'est aussi dans les voyages, en famille, entre amis, ou collègues qu'il s'épanouit.

C'est durant cette nouvelle période de sa vie que je l'ai rencontré. Nous sommes en 1992. J'ai une passion : le ski nautique. Plus exactement, le ski nautique de vitesse. Au début des années 1990, j'ai le bonheur de décrocher un titre de champion de France, puis un deuxième. Je suis à la recherche d'un sponsor pour pouvoir participer à des compétitions en France mais aussi dans le monde entier. Quand je frappe à la porte de la concession automobile avec laquelle je dois signer un partenariat, j'apprends que Gilbert est le nouveau propriétaire. Bien sûr, je ne le connais pas du tout, mais comme je ne me vois pas repartir sans tenter ma chance, je décide de frapper à la porte de son bureau. Je le vois donc pour la première fois et je remarque ce qui est sa marque de fabrique : une grande moustache ! Dès notre première rencontre, le courant passe. Il accepte de me suivre dans mon périple. Il m'accompagne sur plusieurs courses et il sympathise avec mes parents. Peu à peu, je tisse de véritables liens familiaux avec lui, sa femme Janine et ses deux enfants. Comme mes parents ont une petite maison au bord de l'eau à Hourtin, il décide d'en acheter une à côté et nous devenons voisins pendant de nombreux étés. C'est tout naturellement que Gilbert devient *Tonton* quand je m'adresse à lui.

Ensuite, je décroche sept titres de champion de France, un titre de vice-champion d'Europe et me classe dans les dix meilleurs mondiaux régulièrement jusqu'à ce que je décide de prendre ma retraite sportive. On ne peut pas glisser sur l'eau indéfiniment à 140 kilomètres à l'heure !

Pendant que je me consacre à ma nouvelle carrière professionnelle dans les systèmes d'alarme, Gilbert continue de gérer avec une magnifique réussite ses entreprises jusqu'à ce qu'il décide lui aussi de prendre sa retraite, en 2006. Il choisit alors d'acheter une maison à Arcachon et de se rapprocher de son frère aîné, Jean-Pierre. Pour Jean-Pierre, son petit frère, « le Gamin » comme il aime l'appeler, est maintenant à ses côtés et il profite de bons moments avec lui. C'est durant cette période que le camping des Flots bleus entre en scène et que le projet d'en devenir propriétaire mûrit dans son esprit sans qu'on ne sache vraiment de quelle façon. Un autre pari, un autre challenge, mais cette fois-ci il ne fait plus cavalier seul. Son fils Sébastien est à ses côtés.

Il achète le Camping de la dune en 2008. Là encore, le « tourisme de plein air », pour reprendre son appellation officielle, est un monde qu'il ne connaît absolument pas. Mais là encore, il devine que quelque chose est possible dans ce lieu dont il tombe amoureux au premier regard. Il demande alors à son amie Bernadette de prendre la direction du camping et elle restera à ce poste pendant deux ans avant de partir à la retraite. Les deux premières années, Gilbert est en mode apprentissage. Les débuts sont compliqués. Vraiment compliqués. Au début du mois de juin, l'ancien propriétaire part fâché en emportant toute la compatibilité. Il emmène aussi dans ses valises tout le personnel dans un autre projet professionnel. Comme dans *Highlander*, il ne reste au final qu'une personne ! Elle est d'ailleurs toujours avec nous aujourd'hui. Coco ! Je vous en reparlerai. C'est dans ces conditions incertaines que Gilbert doit lancer la saison. Tout est prêt à fonctionner sur le plan technique mais il faut absolument recruter de toute urgence. C'est chose faite en trois ou quatre semaines. Le groupe « Les Caméléons » qui a été banni du camping par l'ancienne équipe, car ses membres ont fait monter les vacanciers sur des chaises lors d'un concert, retrouve la scène des Flots bleus. Il y a même des numéros de magie. Bref, le camping repart de plus belle.

Pour en arriver là, Gilbert doit aussi et surtout s'activer en coulisses, notamment sur le plan administratif. Le camping est sur un site classé. La dune du Pilat est un espace naturel protégé depuis 1930. Au total, ce sont près de 6000 hectares qui font l'objet de cette protection à la fois géographique mais aussi administrative.Rien que pour la Dune l'Etat Français a racheté en 2015 les 250 parcelles privées qui constituaient l'ensemble de cette montagne de sable pour pouvoir gérer uniquement via ses services son fonctionnement. Dès 2003, une démarche de concertation a été menée par le sous préfet d'Arcachon durant cinq ans pour aboutir à un guide de gestion des cinq campings situés au cœur du site classé. Il fallait répondre à cette question : comment limiter l'impact visuel des mobil homes ? Un programme d'enlèvement a donc été initié à partir de là.

En 2008, quand Gilbert prend les commandes, les démarches viennent donc d'être entreprises dans ce sens par l'ensemble des cinq campings présents sur le périmètre de la dune du Pilat mais il reste encore à finaliser toutes les démarches administratives. Une tâche que doit accomplir individuellement chaque camping de la zone. Problème de taille : Gilbert et Bernadette ne disposent d'aucun élément puisque l'ancienne direction n'a rien laissé. Il faut (re)constituer un épais dossier contenant des dizaines et des dizaines de documents. Pour se faire aider, les campings peuvent compter sur l'appui d'un avocat spécialiste. Justement, Bernadette doit aller chercher le sien pour qu'il participe à une réunion. Elle part donc à l'aéroport de Bordeaux-Mérignac pour l'accueillir. Lorsqu'il descend de l'avion, Bernadette, qui tient une pancarte à son nom, l'accueille. Il porte un imperméable clair qui lui arrive quasiment aux chevilles et sa silhouette n'est pas sans lui rappeler celle du « Doc » dans *Retour vers le futur*, me confiera-t-elle plus tard en me racontant cette anecdote. Dès qu'elle le voit, elle lui dit logiquement :

— Maître, je suis contente de vous voir, vous allez pouvoir m'expliquer ce qu'il faut que nous fassions.

Et à cet instant précis, l'avocat semble sortir de ses gonds et il balance littéralement devant lui, dans un geste rageur, sa sacoche en cuir. Elle atterrit sur la caisse enregistreuse du parking. Il lui lance sans ménagement :

— Comment, vous n'êtes pas au courant ? Cela fait cinq ans que je bataille sur ce dossier et que j'en explique tous les rouages…

Loin de se laisser impressionner par l'homme de loi passablement agacé, Bernadette attend tranquillement qu'il ait fini et elle lui répond qu'il dispose du temps de trajet jusqu'au camping pour tout lui expliquer. Au bout de 50 minutes, elle a tout compris ! Elle briefe Gilbert et se met au boulot pour préparer 16 dossiers identiques destinés à toutes les administrations qui interviennent en France dans le cadre entre privé et public. Il faut que tout soit prêt avant la date butoir du 15 août 2008 et nous sommes au début du mois de juin. Pas vraiment de temps à perdre. Chaque dossier recense toutes les parties du camping. Réseau d'eau, d'électricité, dimensions des mobile-homes et emplacement des tentes, essence des arbres à planter, etc. Tout est rendu dans les temps. Ouf ! Mais la France est la France. Durant l'automne, les services de l'État demandent l'inévitable « complément de dossier ». Il faut donc tout recommencer en… 16 exemplaires !

Bernadette reprend contact avec son imprimeur de la région bordelaise pour qu'il établisse à nouveau ces documents enrichis de quelques autres. En possession de l'épaisse cargaison, elle arrive donc au camping en fin de journée et vérifie patiemment que tout est en ordre. Hélas, l'imprimeur s'est trompé. Il a glissé dans les dossiers deux fois sur le même plan. Pour s'en rendre compte, Bernadette a dû poser et ouvrir chaque dossier à côté des autres sur un immense comptoir qui se trouve à l'époque dans mon bureau actuel. Elle décide de tout laisser en place et elle part de bonne heure chez l'imprimeur. Mais ce qu'elle ne sait pas, c'est que durant la nuit, un orage violent s'est abattu sur le camping et qu'une méchante infiltration sur le toit a causé un dégât que vous imaginez sans peine en lisant ces lignes : l'eau a inondé les 16 dossiers. Quand Bernadette arrive et qu'elle ouvre la porte, elle ne peut que constater la cata ! Il faut tout recommencer depuis le début.

Finalement tout est rentré dans l'ordre et les documents ont pu être envoyés en temps et heure. Le camping a ensuite commencé sa métamorphose. Gilbert voulait le rendre plus moderne. C'est lui qui a fait changer toutes les antiques cafetières dans les mobile-homes. Jusqu'ici, il fallait faire bouillir de l'eau pour la verser sur le café ! Il a équipé tous les mobile-homes de cafetières électriques mais aussi de fours micro-ondes. Il a changé tous les parasols, les tables extérieures, les transats. Il a le premier eu l'idée d'un éclairage solaire dans les allées. Il s'est aussi attaqué à la rénovation totale des cuisines du restaurant pour qu'elles rentrent dans les normes en vigueur. En quelques mois, le camping a changé de visage tout en conservant son âme. Gilbert n'avait qu'une idée en tête : chaque vacancier qui vient passer du temps ici doit avoir envie d'y rester le plus longtemps possible.

En 2009, du 23 au 25 janvier, le camping est sévèrement touché par la terrible tempête Klaus qui a causé des dégâts effroyables dans toute la région. Plusieurs mobile-homes se sont littéralement envolés et de nombreux arbres ont été déracinés par la violence inouïe des tornades de vent. Peu de temps après le passage de la tempête, Gilbert accepte que des jeunes apprentis artisans logés dans le camping réparent les dégâts. Ils mettent ainsi en pratique toutes les techniques qu'ils ont apprises avec leurs professeurs dans leurs centres de formation. Les Flots bleus retrouvent vite leur visage traditionnel et toujours son incroyable popularité auprès du grand public. Plusieurs anecdotes illustrent ce succès jamais démenti trois ans après le tournage du premier film.

Un beau jour, c'est un car de police qui s'arrête devant la réception sous le regard étonné de Gilbert. De nombreux fonctionnaires en uniformes descendent et viennent se prendre en photo comme des vacanciers de passage en glissant eux aussi à tour de rôle la tête à la place du celle de Franck Dubosc sur sa silhouette en bois plantée à l'entrée devant les salariés mais aussi des campeurs. Une autre fois, c'est une famille qui veut absolument rencontrer Mme Chatel, la directrice. Le problème, c'est que Madame Chatel n'existe que dans la fiction, sous les traits de la comédienne Christine Citti. Les vacanciers insistent tout de même pour que Bernadette fasse une photo avec eux avant d'admettre qu'effectivement elle n'existe que dans la fiction. De son côté, Gilbert, reste en retrait des caméras des nombreuses équipes de journalistes qui se relaient. Il n'apparaît d'ailleurs pas une fois dans les archives télévisées, toutes chaînes confondues. La raison est simple : il n'a jamais accordé la moindre interview ! La médiatisation ne l'a jamais vraiment intéressé à titre personnel même s'il était sensible au fait que l'on parle de « son » camping.

Pendant le tournage de *Camping 2*, il s'est pourtant souvent baladé en toute discrétion entre les prises avec Tango son chien et je crois qu'il connaissait quasiment toute l'équipe technique au bout de quelques jours.

En 2010, quand Bernadette décide de prendre du recul, Gilbert demande alors à son fils Sébastien de prendre la direction du camping le temps de trouver quelqu'un. Je ne le sais pas encore, mais ce mystérieux *quelqu'un*, c'est moi ! Gilbert et son fils Sébastien me demandent de devenir directeur, mais j'hésite. Mon boulot dans la télésurveillance me plaît. Mais difficile de résister à deux personnes aussi convaincantes et passionnées qu'eux. Donc j'accepte. Vous imaginez bien qu'à aucun moment je n'ai regretté ce choix. J'ai eu la chance de grandir avec ce camping où il ne se passait pratiquement pas un jour sans que Gilbert ne vienne me rendre visite.

Quand je ferme les yeux, je revois des moments délicieux avec lui. Il avait l'habitude de débarquer en fin de matinée et chaque fois, le rituel était le même :

— Bon Franck, tu viens, on va manger ?

— Mais non, Tonton, j'ai du boulot !

— Allez viens manger, on s'en fout.

Et nous marchions tous les deux jusqu'aux tables en bois du restaurant, à l'ombre des grands pins maritimes, avant de partager un repas pendant lequel on parlait de tout et de rien. Je voyais à son regard combien il était heureux d'être ici.

Puisqu'on se dit tout sans faire de cachotteries, je peux aussi vous confier une anecdote qui remonte au tournage de *Camping 3*. Je sais, en la révélant au grand jour, que Fabien Onteniente – le réalisateur – trouvera ici la réponse à une question qu'il s'est longtemps posée, une sorte de mystère non résolu. Ce jour-là, Gilbert est passablement de mauvaise humeur. Le tournage lui paraît trop long. Les techniciens ont bloqué la circulation autour du camping. Je le vois alors monter discrètement dans son 4 x 4 noir. Il démarre. Au même moment, Fabien crie : « Action ! » et tourne une scène avec ses comédiens. *A priori*, rien d'anormal, mais à la fin de la journée, quand Fabien regarde les images tournées durant l'après-midi, il s'aperçoit de la présence non prévue d'un véhicule noir qui roule en arrière-plan. Résultat des courses : la scène a dû être tournée à nouveau le lendemain et Fabien a longtemps cherché à qui pouvait bien appartenir ce véhicule !

J'avoue qu'avec Gilbert, je me suis bien marré. J'espère que Fabien ne nous en voudra pas. Mais désormais, il n'est plus là. C'est étrange : aujourd'hui encore, j'ai parfois l'impression qu'il va arriver à l'improviste à la réception du camping avec sa belle moustache, et qu'il va me regarder en me criant :

— Allez viens Franck on va manger, tu feras ton boulot plus tard !

3

Alors, on n'attend pas Patrick ?

Je crois que lorsque Franck Dubosc a écrit son sketch hilarant sur le camping dans son spectacle *Pour toi public* en 2002, il n'imaginait pas que, quelques années après être monté sur scène pour déclencher les rires du public, il viendrait ici chez nous pour donner vie à tous les personnages cultes nés de son imagination et de son expérience personnelle comme il nous l'a confié dans la préface. Dans le même temps, personne ici, à La Teste, ne pouvait se douter que le décor de la dune du Pilat, aussi beau soit-il, pouvait intéresser des producteurs de cinéma. En préparant ce livre, nous sommes d'ailleurs tombés sur une liste de longs-métrages tournés dans le secteur, et j'avoue que certains sont totalement tombés dans l'oubli. Je vais être honnête, je n'en ai pas vu un seul.

Le premier est un film d'Abel Gance en 1922 : *La Roue*. Il dure plus de quatre heures trente. Le réalisateur a tourné les dernières scènes de ce film dans le splendide Casino mauresque qui, malheureusement, a brûlé accidentellement en 1977. En 1971, Michel Duchaussoy et Stéphane Audran sont les héros d'*Aussi loin que l'amour*. C'est un film de Frédéric Rossif auquel le Banc d'Arguin sert de décor principal mais on devine aussi la dune. L'écrivain Alexandre Jardin a lui aussi tourné un long-métrage en 1996 avec Dany Boon, mais plutôt côté Cap-Ferret. Ces films n'ont pas vraiment cartonné au box-office français mais ils prouvent que le décor naturel qu'offre notre région peut servir de cadre idéal pour des tournages. D'ailleurs, impossible à ce sujet de ne pas citer *Les Petits Mouchoirs* de Guillaume Canet, même si c'est en face, au Cap-Ferret, que se déroule essentiellement le film. Je veux rester fair-play en saluant aussi le succès populaire du long-métrage qui met le bassin d'Arcachon en avant et en valeur, et qui a attiré près de 5 millions de spectateurs dans les salles pour ce premier volet.

Mais forcément, pour moi, le coup de cœur absolu reste le tournage de *Camping*. L'arrivée de Fabien Onteniente et de Franck Dubosc a absolument tout changé pour nous, même si personne ne pouvait prédire l'extraordinaire succès de la saga *Camping* auprès du public. Tout commence au début de l'année 2005. La production du film a lancé ses plus fins limiers sur la côte Atlantique pour tenter de trouver *le* site idéal susceptible d'accueillir les aventures de Patrick Chirac. Après plusieurs mois de recherche, le Camping de la dune décroche le jackpot. C'est lui qui deviendra le fameux camping des Flots bleus. Le Camping de la dune est et sera toujours reconnu comme étant le Camping des Flots bleus. L'ironie, c'est qu'il existe bel et bien un camping des Flots bleus, mais à La Faute-sur-Mer, en Vendée. On est loin du bassin d'Arcachon mais pour la petite histoire, c'est souvent que des clients arrivent chez nous avec une réservation faite à ce camping. Bien évidemment, tous en chœur, nous rappelons aux vacanciers discrets que nous sommes « entre Arcachon et Le Moulleau »... et pas en Vendée.

On n'a jamais su quels étaient les autres campings qui étaient en finale mais ce qui est sûr, c'est que nous sommes devenus officiellement un décor du film. Pour être tout à fait complet, il faut quand même dire que le camping *La Canadienne* à Arès, de l'autre côté du bassin d'Arcachon, a prêté sa piscine pour le tournage de plusieurs séquences.

Ce qui a plu tout de suite à Fabien Onteniente, comme l'explique en détail dans les annexes de ce livre, c'est la voie d'accès au camping. Il voulait une largeur suffisamment importante pour qu'on puisse deviner au premier coup d'œil les arbres, les caravanes et la dune. Pour ceux qui ne connaissent pas du tout les lieux, l'entrée est située au bord de la route qui relie Le Moulleau à Biscarrosse en longeant la forêt bordant l'océan. Le tournage a lieu durant le mois de septembre et pour l'occasion, le camping est privatisé. Une équipe de salariés restée sur place voit arriver avec stupeur une véritable armada de camions de la production. Plus d'une centaine de techniciens investissent les lieux avant l'arrivée des comédiens qui participent au film. Le casting est impressionnant. Franck Dubosc, Claude Brasseur, Mylène Demongeot, Antoine Duléry, Gérard Lanvin : un bataillon de stars débarque dans les allées du camping devant lequel s'arrêtent chaque jour des curieux qui tentent de deviner la présence d'un acteur dans les parages pour un autographe. Mylène Demongeot et Antoine Duléry sont aux avant-postes dans ce domaine, toujours prêts à venir à la rencontre du public.

Les salariés du camping sont tous volontaires pour des rôles de figurants. Ils assistent ainsi à des grands moments, comme cette scène du dérapage devant le camping où Michel Saint-Josse (Gérard Lanvin) amorce un dérapage à toute allure depuis la route pour arriver juste devant la réception. Il faut plusieurs prises pour que Fabien Onteniente soit pleinement satisfait du résultat.

Pas de souci car au volant, c'est Ari Vatanen, le multiple champion du monde de rallye qui prend les choses en main !

Gérard Lanvin, justement, n'hésite pas à passer plusieurs nuits dans son camping-car personnel. Il est adepte de ce genre de véhicule depuis longtemps et il n'est pas rare le matin de le croiser au réveil avant le petit-déjeuner ! Les figurants découvrent aussi le talent caché d'Antoine Duléry pour l'imitation. Entre deux scènes, il se lance dans des parodies hilarantes de Charles Aznavour ou Johnny Hallyday, au grand plaisir de tous. Le tournage se déroule dans une ambiance légère et quand toute l'équipe plie bagage, on ressent comme un grand vide. L'automne pointe le bout de son nez et on attend tous avec impatience la sortie du film prévue au printemps 2006. Dans les différentes bandes-annonces qui circulent, on devine le ton du film grave à certaines répliques qui font mouche !

Claude Brasseur (Jacky Pic) levant son verre devant sa caravane :

— Pastis par temps bleu ? Pastis délicieux !

Franck Dubosc (Patrick Chirac) à Mathilde Seigner (Sophie Gatineau) sur le chemin de la plage :

— Eh Sophie, j'espère que tu n'as pas pris un coup de soleil sur les fesses sinon ça va te coûter cher en Biafine !

Franck Dubosc à Gérard Lanvin (Michel Saint-Josse) dont la belle voiture de sport est tombée en panne devant le camping :

— Vous êtes en panne ? Non on n'est pas en panne, elle attend le coucher de soleil, elle adore ça !

Gérard Lanvin à Claude Brasseur à l'heure de l'apéritif devant sa caravane :

— Mais pourquoi vous n'achetez pas une maison ici ?

— Bah non, on veut pas, on serait obligés de venir là tout le temps…

— Mais justement, ça fait trente ans que vous venez ici tous les ans…

— Oui mais c'est pas pareil. Là, si on veut, on peut aller ailleurs, c'est ça, le camping !

La date officielle est programmée le 26 avril 2006. Une semaine auparavant, toute l'équipe du camping assiste à l'avant-première dans le cinéma de La Teste. Toutes les salles du complexe diffusent le film en même temps et les acteurs du film se promènent de salle en salle pour dialoguer avec le public. L'accueil est génial et il préfigure ce qui va se passer au niveau national. Près de 5,5 millions de spectateurs se pressent devant le grand écran pour découvrir l'univers loufoque et tendre de Franck Dubosc. Le film arrive même devant *Da Vinci Code* avec Tom Hanks et *Mission impossible 3* avec Tom Cruise. Tout le monde va voir *Camping* au cinéma et ensuite, tout le monde veut voir le vrai camping où le film a été tourné. Logique !

Mais le problème, c'est que durant quelques semaines, il n'est pas facile de trouver notre camping. Comme le dit la bande-annonce du film, il se situe entre Arcachon et Le Moulleau et pour compliquer l'affaire, il ne s'appelle pas encore camping des Flots bleus mais Camping de la dune. Heureusement la situation se simplifie rapidement et « Camping des Flots bleus » devient le nom de l'établissement. Pour que tout le monde s'y retrouve, on a demandé que le nom « Les Flots bleus » figure sur l'arrêt de bus situé juste en face de la réception, de l'autre côté de la départementale. Bingo : plus aucun doute possible, le Camping de la dune, c'est le camping des Flots bleus associé à la saga des films *Camping*. Mais je dois vous faire une confidence : c'est encore le nom Camping de la dune qui figure aujourd'hui sur tous les papiers administratifs. Si j'osais la comparaison je prendrais comme exemple Jean Philippe Smet et Johnny Hallyday. Un nom à la ville et un nom de scène !

Je n'étais pas encore aux commandes du camping mais je sais que la fréquentation fait un bond spectaculaire à partir du premier volet de *Camping*. Non seulement les vacanciers viennent se photographier à l'entrée, devant la proue du bateau et son gouvernail plantés devant la réception, mais ils veulent aussi y passer plusieurs jours en espérant croiser Patrick Chirac ! Le nombre de reportages consacrés au site est considérable et Les Flots bleus deviennent logiquement le camping le plus célèbre de France !

Après ce succès historique, Fabien et Franck décident de repartir pour l'aventure de *Camping 2*. Le tournage a lieu durant le mois d'août 2009. Richard Anconina a remplacé Gérard Lanvin mais on retrouve tous les personnages du premier volet. Les caméras filment donc à nouveau les allées du camping et la dune du Pilat avec en prime un tournage de plusieurs jours dans l'hôtel de ville de La Teste, mais aussi sur le Banc d'Arguin. C'est là, sur cet îlot de sable juste en face de la dune du Pilat, que Patrick Chirac prononce une de ses phrases cultes devant Jean-Pierre Savelli (Richard Anconina) :

— Christophe Colomb a découvert l'Amérique, moi j'ai des couverts en plastique !

Il y a aussi bien sûr la rencontre entre Jean-Pierre Savelli qui vient de se séparer momentanément de sa femme et Patrick, son voisin de camping au maillot échancré et suggestif. Richard Anconina raccroche son téléphone après une conversation avec sa femme :

— On est en…

— En break ! répond Dubosc.

— Oui on va dire ça, oui…

— Je suis un spécialiste du break… Le mien a duré six ans. En tous les cas si vous voulez récupérer votre femme il ne faut pas appeler. Il faut être fort. La vraie force, c'est de casser une plaque de chocolat en quatre et de n'en manger qu'un seul carré !

Richard Anconina écarquille les yeux sans savoir quoi répondre.

— Moi, c'est Patrick, de Dijon, Côte-d'Or et toi ?

— Jean-Pierre Savelli.

— Tu vois Jean-Pierre, tous les ans je me fais un nouveau copain et cette année je crois que ça va être toi !

Au sujet de *Camping 2*, je voulais ouvrir une parenthèse qui risque de démoraliser totalement Fabien Onteniente s'il n'est pas déjà au courant... Des passionnés de cinéma sont capables de déterminer avec précision (pour des raisons qui m'échappent, d'ailleurs...) que certaines anomalies peuvent ponctuer ici et là des scènes de film. Il n'échappe pas à la règle. Donc à ma grande surprise, voici trois éléments que j'ai découverts sur un site spécialisé et que je livre à votre sagacité :

— au début du film, un homme sort de sa voiture et met ses pieds nus dans ses tongs. Sur le plan suivant il a des chaussettes ;

— quand Jacky se fait contrôler par des policiers, l'un d'eux a les galons à l'envers ;

— quand on voit le Banc d'Arguin depuis le haut, il est désert et sur le plan suivant, Patrick et Jean-Pierre parlent à côté d'une barque.

Autant vous l'avouer tout de suite, je n'avais absolument pas remarqué ce genre de détails. De toute façon, ils n'ont pas altéré le succès populaire de ce deuxième opus.

Cette fois encore il ne se dément pas, avec plus de 4 millions de spectateurs en salle. Une nouvelle fois le camping fait l'objet de tous les regards et la rumeur du tournage d'un *Camping 3* commence à flotter dans l'air quelques mois à peine après la sortie du film en salle. Notre camping reste plus que jamais une véritable curiosité pour les vacanciers de la côte Atlantique qui veulent rapporter un petit souvenir de leur passage chez nous.

4

Et j'entre dans la danse

Avant mon arrivée officielle à la direction du camping j'étais bien sûr informé du formidable impact de *Camping* sur la notoriété des Flots bleus. J'ai déjà visité à plusieurs reprises le camping et je fais mes premiers pas en tant que directeur du site un jour de février 2011. Pour une première, on est loin du décor de carte postale des jours d'été. Normal, nous sommes au cœur de l'hiver. Tout est gris. Il fait froid. Forcément, il n'y a pas un seul campeur mais je peux déjà m'imprégner de l'ambiance générale des lieux. Autant le dire tout de suite, la magie opère. Je regarde autour de moi et je fixe longtemps la magnifique lumière qui semble émaner de la dune. Les pins, le vent, le parfum de la forêt qui se mêle à celui de l'océan tout proche.

Oui, on est au cœur de l'hiver mais je me sens totalement chez moi.

J'ai de la chance car le prodigieux succès populaire des deux premiers films assurant la publicité du camping, je n'ai pas à imaginer un plan de communication à grande échelle. On m'avait dit que tous les jours des gens de passage s'arrêtaient pour prendre des photos depuis le bord de la route et effectivement, je constate cette véritable curiosité du public. Parfois le photographe ne descend même pas de la voiture, se contentant d'ouvrir la vitre ! Les premières semaines, je travaille avec Sébastien, le fils de Gilbert, et Jean-Pierre, le directeur administratif de la holding familiale, qui gèrent le camping. Ils me donnent des tuyaux et partagent avec moi leurs expériences pour que je gagne du temps. J'oublie presque instantanément mon travail précédent qui a pourtant occupé plus de vingt ans de ma vie. Je vous le dis : c'est la magie des Flots bleus.

Mais la réalité administrative de notre beau pays me rappelle que ma mission comprend aussi et surtout des tâches parfois compliquées. C'est ainsi que j'apprends par cœur ou presque tous les articles de la commission de sécurité. J'assiste à plusieurs réunions avec les pompiers et la police pour enregistrer les règles à respecter en cas de problème. Je participe même à une formation sur le maniement des extincteurs dans le courant du mois de juin.

Le 14 juillet qui suit, je peux mettre en pratique tout ce que j'ai appris puisqu'un feu commence à se propager dans un chalet. Heureusement, nous intervenons rapidement et les flammes sont maîtrisées avant même l'arrivée des pompiers. J'apprends que c'est la toute première fois que ce genre d'incident se produit. Ce sera le seul et unique jusqu'à l'incendie géant de 2022 !

Durant ce même été, alors que je commence à m'endormir dans mon chalet situé à deux pas de la réception, je suis réveillé par un campeur affolé :

— Ma tente a disparu ! Ma tente a disparu !

Après une fouille minutieuse des alentours à la lampe de poche, on retrouve la tente sur un autre emplacement. J'apprends la terrible vérité. Les deux occupants avaient décidé de se compter fleurette sur les flancs de la dune sans se soucier du vent violent qui soufflait cette nuit-là. Quand ils sont revenus, leur petite maison en toile s'était envolée. Aussi, je répète ce que je leur ai dit ce soir-là : si vous comptez venir nous voir, pensez à planter vos sardines dans le sable !

Pour la petite histoire, si en France on parle de sardines, nos amis allemands et hollandais appellent familièrement ces petites pièces en fer des harengs !

Quant aux sardines d'une taille plus importante, les Anglais les nomment les maquereaux.

Il y a quelque temps, je suis tombé sur ce qui constitue sans doute la tente la plus chère du monde. Elle coûte 5 000 euros et ses concepteurs allemands précisent que c'est une véritable forteresse qui peut résister au feu et à des vents de 180 kilomètres à l'heure. Elle pèse plus de 25 kilos et a une capacité de dix personnes. Elle a le même nom que Tom Cruise dans *Top Gun* : Maverick. On ne l'a encore jamais vue aux Flots bleus. En revanche, on a souvent vu et on verra encore, je l'espère, régulièrement des tentes « 2 secondes » sur nos emplacements. Je ne peux m'empêcher de raconter l'histoire de cette invention géniale au cas où vous ne la connaîtriez pas. Loin de moi la volonté de faire la promotion de la célèbre marque d'équipements sportifs et de loisirs qui la commercialise mais je trouve que son inventeur mérite un coup de chapeau. Il s'appelle Abderrahman El Elaammari. Il a grandi dans le désert du Sahara, dans une tribu touareg. Enfant, il rêvait de fabriquer des chaussures spéciales pour les dromadaires, afin que leurs sabots ne s'enfoncent pas dans le sable. Une fois qu'il est grand et salarié de cette entreprise qui a le nom d'une discipline sportive, on lui demande de réfléchir à une tente dont le propriétaire ferait waouh quand il l'ouvrirait, et tout cela en un temps record.

Les essais ont été laborieux jusqu'à ce qu'un jour, « Abi » ait l'idée géniale : un système d'agrafes qui relient les éléments. Ainsi est née la « 2 secondes » et son succès ne se dément pas, je crois, depuis 2005. Je remercie encore le journal *Libération* pour ce papier qui m'a éclairé sur cette nouveauté ayant révolutionné le camping !

Retournons au bord de l'océan Atlantique entre Arcachon et Le Moulleau après cette incursion dans les sables du désert. Avant d'ouvrir ma parenthèse technologique, j'évoquais les accents des vacanciers étrangers et les mots qu'ils utilisent en camping. Justement, même s'ils ne sont pas majoritaires dans nos allées, ils sont toujours présents au fil des semaines et des saisons. Et ils participent eux aussi à ce rendez-vous incontournable du dimanche soir : le pot de l'amitié ! C'est une vieille tradition qui consiste simplement à accueillir les campeurs. Je dis *simplement* mais pour mes premières prises de parole, j'avoue avoir recours à des fiches que j'ai préparées pour être sûr de n'oublier personne. Je soigne le style et la longueur de mes discours. Mais très vite, ce rendez-vous relativement formel devient un vrai moment de plaisir et de partage et j'improvise mes prises de parole en fonction du feeling du moment. C'est l'occasion de présenter toutes les équipes et l'agenda des activités proposées et c'est aussi l'opportunité de mettre en avant nos partenaires. Le pot d'accueil c'est un peu le coup d'envoi officiel des vacances au camping ! Il va sans dire qu'il n'y a pas de pot d'accueil sans la traditionnelle danse des tongs et, bien sûr, le cocktail des Flots bleus.

Parallèlement, je dois gérer chaque jour une trentaine de salariés et une population qui frôle les 1 000 personnes. Bref, je me glisse dans la peau d'un véritable maire le temps d'un été. Le camping, c'est un village dans lequel se mélangent les populations et les besoins, et dont il faut gérer l'intendance : le courrier, le stationnement gênant, les nuisances sonores, etc. Comme un élu, je suis largement sollicité à chacune de mes sorties ! Pour vous donner un ordre d'idée, la distance entre mon chalet et mon bureau est d'environ 50 mètres. Il m'est fréquemment arrivé de mettre plus d'une heure à la parcourir tellement je devais répondre à des questions de campeurs ou expliquer comment régler tel ou tel problème. Heureusement, j'aime ça. Je dirais même mieux : j'adore ça ! Le contact avec les gens est un vrai bonheur. Je dis ça sans aucune démagogie. Dans le cas contraire, j'aurais fait mes valises depuis longtemps.

Lors de l'été 2012, le camping affiche complet chaque semaine. Pour ma deuxième saison je commence à avoir pris mes marques. Je me souviens, cette année-là, d'un soir de juillet où un agent de sécurité vient me voir parce qu'il a entendu un bruit bizarre. Peut-être un animal qui rôde, il n'en sait rien. Je l'accompagne pour tenter de le débusquer au hasard d'une caravane ou d'un mobile-home. On tend l'oreille et le bruit semble venir des sanitaires. En s'approchant, on distingue de plus en plus clairement un ronflement d'une intensité sonore que je n'avais jamais encore rencontrée dans mes rondes de nuit ! On ouvre la porte des toilettes et on découvre un homme visiblement endormi sur la cuvette après une soirée qu'on imagine plutôt largement arrosée. Lui ne nous calcule pas du tout. Il a fallu de longues minutes pour réussir à le réveiller afin qu'il regagne son mobile-home. Par sécurité, nous l'avons d'ailleurs escorté pour être sûrs d'une part qu'il rentre bien chez lui et d'autre part qu'il ne se mette pas encore à ronfler au milieu du camping, sous un arbre.

En tant que directeur du camping, je dois aussi gérer l'hébergement des saisonniers. Dans ce domaine précis, je dois avouer que j'ai opté pour une stratégie totalement différente par rapport à la première année. Lors de mon arrivée, j'avais consciencieusement réparti les saisonniers, garçons et filles, dans des mobile-homes distincts. Mais force est de constater qu'ils n'en font qu'à leur tête ! Ils partagent tous et toutes la même philosophie : ma maison est la tienne ! Objectivement, je ne vais pas batailler dans ce domaine, ayant eu moi aussi leur âge. Donc désormais, chacun s'installe où il le souhaite avec toutefois un impératif sur lequel je ne tolère aucun manquement : lorsque l'on représente le camping des Flots bleus à l'extérieur, tout le monde doit être irréprochable. Je me souviens ainsi d'une soirée, lors de mon troisième été je crois. J'avais appris que plusieurs saisonniers avaient été turbulents dans la boîte de nuit voisine. Rien de grave mais des échos pas forcément positifs sur ce qui s'était passé. Je les ai convoqués en leur disant que je n'accepterais pas ce genre de comportement et qu'ils seraient *privés* de boîte pendant dix jours. Ils m'ont tous regardé avec incrédulité. Comme je m'y attendais, la nuit venue, ils sont partis comme si de rien n'était vers le club. Mais le souci, c'est qu'une fois qu'ils sont arrivés devant la porte, les agents de sécurité leur en ont interdit l'accès :

— Non, Les Flots bleus, désolé ! J'ai des consignes. Vous ne pouvez pas rentrer !

Il faut que vous sachiez que je connais bien tous les professionnels qui travaillent dans le secteur et que nous tenons les coudes dans n'importe quelles circonstances ! Le lendemain, l'un des jeunes est venu me voir avec un grand sourire en me lançant :

— Tu es vraiment comme Guy Roux, toi !

Allusion directe à cet entraîneur légendaire de l'AJ Auxerre qui surveillait ses joueurs en n'hésitant pas à aller les chercher jusque sur la piste de danse pour les ramener à la maison. Toujours est-il qu'ils en parlent encore aujourd'hui et que ça me fait sourire : privés de boîte de nuit ! Celle-là, ils ne s'y attendaient pas.

C'est durant cet été 2012 décidément riche en émotions que j'ai croisé le sosie de Michel Blanc dans *Les Bronzés*. Vous vous souvenez tous de Jean-Claude Dusse attendant chaque jour l'arrivée hypothétique d'une femme. C'était exactement le même scénario avec notre campeur. Chaque jour il attendait, chaque jour il tentait de faire des rencontres et chaque jour c'était en vain. Il est resté deux semaines et hélas, je crois qu'il n'a jamais conclu avant de quitter le camping. S'il lit ces lignes, je veux qu'il sache que ce serait un plaisir de l'accueillir à nouveau chez nous.

Ce qui est vraiment étrange quand on y pense, c'est que chaque été on rencontre des clients qui nous font penser à des héros de film, et plus particulièrement des films *Camping*. C'est une sorte de *Sosie Academy* qui se met en place du premier au dernier jour. Rassurez-vous, on ne se poste pas comme des snipers pour fixer le visage de nos visiteurs mais parfois, il se passe quelque chose d'étrange quand on croise leurs regards. Je ne dis pas ça pour me moquer d'eux, bien au contraire. Cela illustre le fait que le choix du camping pour tourner les films ne doit peut-être rien au hasard. Ainsi, je peux vous dire que nous avons connu le véritable Jacky Pic, celui interprété par le génial Claude Brasseur. En fait, il s'appelait Patrick et était originaire de région parisienne. Il arrivait systématiquement lors du premier week-end de juillet. En général, il se débrouillait toujours pour être là avant l'apéritif du soir. Il est venu pendant quarante ans sans aucune interruption et il demandait toujours le même emplacement : H18. Un petit chalet juste devant la dune. La première fois que je l'ai vu, il m'a lancé :

— Eh ! Salut, moi, c'est Patrick ! On ne se connaît pas mais je vous invite à boire l'apéro si vous voulez.

Nous nous sommes vite tutoyés, ce qui était pratique pour que je puisse lui dire gentiment :

— Patrick, vas-y doucement sur les doses. On est là pour boire un petit verre entre amis, ce ne sont pas les fêtes de Bayonne ! Tranquille sur l'anis…

Comme il savait que nous devions travailler et que nous ne pouvions pas rester trop longtemps, il nous servait un seul verre. Mais je peux vous dire que ce verre était souvent copieusement rempli. Il venait aussi toujours au camping avec un sac rempli de pièces de deux euros. Il les collectionnait durant toute l'année dans une tirelire et il donnait toutes les pièces jusqu'à la dernière aux salariés du camping comme pourboires. Il restait deux semaines avant de repartir dans sa région. Juste avant son départ, il venait dans mon bureau pour me verser des arrhes : « C'est pour l'année prochaine, Franck ! Même endroit, même heure ! » Je n'ai jamais parlé de Patrick avec Franck Dubosc mais je suis vraiment intrigué que cet homme ait pu inspirer sans le savoir le héros du film par son prénom et ses habitudes de camping. Il y a deux ans, son fils m'a téléphoné pour m'apprendre qu'il venait de mourir. Il est d'ailleurs venu au camping avec sa famille, comme pour rendre hommage à son père, et depuis, c'est lui qu'il l'a remplacé. Il entend bien être aussi fidèle aux Flots bleus que son papa.

Durant la saison 2013, j'ai eu la sensation de revivre une scène de *Roméo et Juliette*. Je suis réveillé à 5 heures du matin par un agent de sécurité qui m'explique que ça crie dans une allée du camping. Je me rends sur place et je tombe nez à nez avec un jeune garçon et une jeune fille entourés de leurs parents respectifs qui semblent fous furieux. En clair, le garçon et la jeune fille sont partis flirter près de la dune jusqu'à explorer de nouveaux territoires. Comme le ton montait, la police est arrivée pour calmer ce petit monde et heureusement, tout s'est arrangé. Je ne me rappelle plus comment s'est déroulé le reste des vacances pour chacune des familles et leurs jeunes tourtereaux mais même en camping, l'amour peut être compliqué.

Puisqu'on parle d'amour, laissez-moi vous parler de l'année 2014. C'est l'année où j'ai rencontré la femme qui deviendrait la maman de mon troisième enfant. Elle s'appelle Julia. Elle travaille au restaurant et je tombe éperdument amoureux d'elle. Aujourd'hui, nous avons un petit garçon qui s'appelle Pavel. Je n'irai pas jusqu'à affirmer que je marche sur l'eau mais cette saison estivale est absolument géniale. Sébastien et Gilbert me font totalement confiance. Le camping tourne à plein régime tout en gardant sa philosophie première de simplicité et de bienveillance.

Cette année-là, je fais aussi la connaissance de Geoffrey et Isabelle, deux campeurs qui habitent près de Valenciennes. Ils économisent toute l'année pour pouvoir venir deux semaines ici. Chaque été, c'est la tradition, ils fêtent leur anniversaire de mariage. Alors ils râlent quand il pleut, ils râlent quand il fait trop chaud, ils râlent quand ils perdent à la pétanque mais on les adore. Même s'ils ne me versent pas d'arrhes comme Patrick, je sais qu'ils vont revenir encore et encore eux aussi. Sans raler. D'ailleurs, lors du Grand Incendie, ils ont traversé le drame avec nous mais je vous raconterai plus tard ce qui s'est passé avec eux.

Revenons au mois d'avril 2015. Je reçois un coup de téléphone de Sébastien :

— Franck, je viens d'être informé que Fabien Onteniente et Franck Dubosc veulent venir tourner *Camping 3* au mois d'août !

— Mais Seb, nous sommes complets. On va faire comment ?

— Écoute, je crois qu'on ne peut pas refuser alors on va trouver une solution, on va se débrouiller !

Quelques jours plus tard, je reçois comme mes prédécesseurs un éclaireur qui vient prendre des mesures dans la perspective du tournage. Il fait le tour du camping pour faire la liste de tout ce qui doit être changé ou modifié. Le gros morceau se situe selon lui au niveau de la réception. Il m'explique que des travaux sont nécessaires et que je dois transférer notre activité d'accueil dans un autre bâtiment du camping. Une fois son explication terminée, il me lance sur un ton très sympa et amical :

— J'espère que ce ne vous embête pas trop !

Amis lecteurs et lectrices, je ne vais pas vous mentir mais si ! Ça m'embête ! Je ronchonne un peu mais finalement, on arrive à trouver une solution, notamment pour le standard téléphonique et les connexions informatiques. Les techniciens m'expliquent ensuite qu'ils vont également effectuer des travaux au niveau du bar, puis repeindre des chalets en bleu car la peinture verte est bannie sur les tournages. Les techniciens travaillent sans relâche durant près de deux mois et le camping se métamorphose. Certains clients grincent des dents quand ils entendent les scies qui découpent les planches dès 8 heures du matin mais globalement, tout se passe pour le mieux dans l'attente du tournage.

Le 20 août, c'est le grand chambardement. Toute l'équipe du film arrive au camping. 200 personnes. Des semi-remorques, des câbles, des lumières. Un grand restaurant "catering" destiné aux techniciens est rapidement installé sous le regard des campeurs, visiblement heureux de participer à ce moment plutôt rare dans une vie. Claude Brasseur, Antoine Duléry et Mylène Demongeot sont parmi les premiers acteurs du film à venir les rencontrer. L'ambiance est sympa même si Franck Dubosc reste assez discret. Il fait dire que dès qu'il sort, c'est une nuée d'admirateurs qui viennent autour de lui alors je comprends qu'il ait envie de se protéger un peu. J'ai l'occasion de le croiser dans mon bureau complètement par hasard. Il est venu se changer entre deux scènes et on se retrouve comme ça à discuter tranquillement avant qu'il ne reparte sur le plateau.

Le tournage de la première scène dans le camping est en fait la séquence finale du film *Camping 3* !

C'est la scène du bal près du bar. Les caméras commencent à tourner vers 19 heures et ne vont pas s'arrêter avant 6 heures du matin. Durant toute la nuit, la musique du bal a résonné régulièrement lors de chaque prise dans le camping mais on pouvait aussi l'entendre chez nos voisins. Heureusement, personne ne se plaint. Il faut dire que j'ai réussi à obtenir auprès de la production que les vacanciers puissent assister au tournage dans des endroits privilégiés. Certains d'entre eux deviennent aussi figurants. Je me suis moi aussi porté volontaire et je peux vous dire, en essayant de rester humble, que j'apparais à l'écran. En fait, c'est surtout le haut de mon épaule que l'on voit pendant une fraction de seconde et c'est tout. Pas de quoi lancer ma carrière ! J'ai aussi invité ma maman à venir voir tout ce qui se passait sur le tournage. Quand elle est arrivée, elle était vraiment intéressée par l'activité et je la voyais discuter avec les techniciens ici et là. Au bout d'un moment, je ne l'ai plus vue et un technicien est venu me chercher pour me montrer où elle était. En fait, elle avait attrapé une chaise qui servait au décor d'une scène, et elle s'était assise dessus en attendant que le tournage commence. Quand elle m'a vu, elle m'a lancé :

— Regarde Franck, je suis super bien placée !

— Oui maman, mais tu es en plein dans le champ et ils ont besoin de ta chaise !

Tout s'est terminé par un grand éclat de rire et Claude Brasseur est venu la saluer. Elle était super heureuse. Claude Brasseur s'était l'acteur de sa jeunesse.

Au total, le tournage a duré dix jours dans le camping. La scène la plus compliquée à tourner a été celle de la pluie qui s'abat sur Les Flots bleus ! La production avait fait venir un camion de pompiers qui lançait l'eau dans le ciel juste devant la réception.

Comme pour la scène du bal, la fausse pluie est tombée durant toute la journée parce que Fabien n'était pas satisfait du résultat. Quand ils sont partis, je dois avouer que c'était comme un grand vide tout d'un coup mais la vie du camping a repris ses droits en attendant que le film sorte au cinéma.

Quand il sort en salles au mois de juin 2016, il réalise le meilleur démarrage de l'année avec 400 000 spectateurs, soit le double de la superproduction Marvel *Deadpool*. Décidément, le public français a une tendresse toute particulière pour les aventures de Patrick Chirac. Et logiquement, comme après chaque opus de la saga, la rumeur d'un *Camping 4* commence à se propager sur les réseaux sociaux sans que ni son acteur principal, ni son réalisateur ne confirment ni ne démentent. Moi de mon côté, je me suis bien marré même si j'ai plus particulièrement regardé, je l'avoue, tous les détails du camping sur grand écran. L'événement *Camping 3* a été suivi par un autre événement dont le retentissement a été mondial : les cinquante ans du camping !

5

Les 50 ans des Flots bleus

1966-2016. Un demi-siècle de camping ! On a décidé de marquer le coup comme il se doit. Nous organisons pas mal de réunions avant de trouver un double concept détonnant. Tout commence par Sébastien qui, un jour, me lance :

— Tu vois Franck, je pense que pour les 50 ans, on pourrait organiser une élection de Miss Camping !

— Oui, c'est pas mal Seb, ça peut être sympa !

— Sympa ? Je crois même que ça peut être complètement fou si j'arrive à faire ce que je veux !

Intrigué, j'attends impatiemment qu'il me donne la suite de son raisonnement :

— Non seulement, on va organiser une élection de Miss Camping des Flots bleus, mais en plus, on va la faire superviser par Geneviève de Fontenay en personne, qui viendra présider le jury !

J'accueille cette perspective avec un grand sourire et, comme souvent lorsque je suis avec Sébastien, je décide de lui renvoyer la balle :

— OK Seb ! Si tu fais venir Mme de Fontenay ici, alors moi, je vais tirer un feu d'artifice sur la dune du Pilat !

— Un feu d'artifice ? Sur la dune ? Mais ça ne s'est jamais fait !

— Bah, tu crois que Geneviève de Fontenay est souvent venue à La Teste ou en camping ?

Face à cette implacable logique, Sébastien éclate de rire et nous décidons de tout faire pour réaliser ce double kif qui devrait faire du bruit si nous arrivons à nos fins. Par l'intermédiaire de Rémi Castillo, un ami qui dirige RBA, la radio du bassin d'Arcachon, Geneviève de Fontenay accepte de venir au camping pour notre grande soirée d'anniversaire durant l'été. Nous sommes au mois d'avril quand j'apprends la bonne nouvelle de la bouche de Sébastien. Il me reste maintenant à décrocher une autorisation pour faire tirer le feu d'artifice. Je téléphone presque tous les jours à l'ensemble des membres du conseil municipal pour plaider ma cause.

Dans le même temps, j'ai contacté une société de spectacle pyrotechnique en lui expliquant précisément le cahier des charges. En clair, aucun débris ne doit se retrouver sur le sable et bien sûr aucune fusée ne doit provoquer le moindre début de commencement d'un incendie de forêt. Finalement après de longues semaines d'attente, les policiers municipaux de La Teste viennent me remettre le document officiel qui m'autorise à tirer un feu depuis le haut de la dune du Pilat.

Tout est donc en place pour l'organisation d'une fête mémorable. Elle va l'être, même au-delà de nos espérances. La date a été fixée au 3 août, mais on sent monter la pression plusieurs jours auparavant. Les médias et les réseaux sociaux annoncent le double événement et dans le camping, tout le monde attend le jour J avec impatience. Ce jour-là, il y a un grand soleil. Ciel bleu parfait. Un décor de cinéma. Sébastien part chercher Mme de Fontenay qui l'attend à la gare d'Arcachon. Pendant le trajet jusqu'au camping, elle lui explique qu'elle a voyagé dans un TGV bondé et qu'elle a réalisé un nombre incalculable de selfies avec des voyageurs. Elle ne le sait pas encore mais elle va encore se prêter à ce jeu pendant des heures et des heures. Quand elle arrive aux Flots bleus, elle s'installe à l'ombre, un peu à l'écart de la scène, à deux pas du terrain de pétanque. Elle regarde ce qui se passe avec beaucoup d'intérêt. Elle nous confie qu'elle ne connaît pas du tout le monde du camping mais elle a le sourire et semble s'amuser avec nous. Forcément, de nombreux campeurs viennent la voir pour discuter avec elle. Jamais elle ne refuse au prétexte qu'elle a autre chose à faire.

Durant l'élection, elle est en première ligne avec son grand chapeau, pour la plus grande joie du public qui est venu encore plus nombreux que ce que nous avions imaginé. Nous avions prévu une paella géante pour une centaine de personnes. Au total, plus de 500 repas seront servis ce soir-là. L'ambiance est incroyable. Tout le monde esquisse un pas de danse durant la célèbre Marche des tongs, l'hymne des Flots bleus, après l'élection de Miss Camping Les Flots bleus 2016. Elles étaient dix-huit dans le concours et c'est une jeune femme du nord de la France qui décroche l'écharpe de Miss et, dans le même temps, une semaine au camping, tous frais payés, pour l'été 2017 !

Vers 23 heures, j'annonce au public que le feu d'artifice est imminent. Tout le monde se tourne vers la dune. Le spectacle, féerique dans ce décor extraordinaire, dure plus de trente minutes dans un délire de couleurs et d'explosions. Les clients des quatre campings voisins profitent eux aussi de ce moment historique. On entend les clameurs tout autour de nous après le bouquet final. La fête continue ensuite sur la piste de danse du camping avant que l'on coupe la sono vers 2 heures du matin.

Mais pour nous, la soirée est loin d'être terminée. Une fois n'est pas coutume, je propose à tous les saisonniers et les salariés du camping de terminer en beauté dans la boîte de nuit voisine. Permettez-moi de jeter un voile pudique sur ce qui s'est passé sur le dance-floor et dans son périmètre proche mais je peux vous dire que nous avons fêté dignement ce demi-siècle d'existence. Nous sommes tous rentrés au petit matin en marchant le long de la forêt. Relativement fatigués. Les dieux du camping étaient toutefois avec nous car ce jour-là la pluie n'a cessé de tomber dès les premières heures du jour jusqu'au début de la soirée. Conséquence directe : toutes les activités ont été annulées et beaucoup d'entre nous se sont offert une longue sieste. Sauf moi bien sûr. Il faut toujours un capitaine à la barre !

Il faut tout de même que je vous confie un petit secret. Il arrive parfois qu'on demande au capitaine de porter le même maillot que Patrick Chirac dans les allées du camping ! Combien de fois ai-je entendu cette requête et combien de fois ai-je répondu en souriant que je n'étais pas un acteur. Pour être franc, je dois quand même avouer que le maillot moulant que porte Franck Dubosc ne me sied pas tout à fait. Je l'aime bien, mais pas sur moi ! D'ailleurs, cela me fait penser à cette autre habitude que j'ai remarquée lors des séminaires organisés par des entreprises. Les managers aiment porter le maillot échancré ! Je ne l'explique pas et personne n'a encore réalisé d'études scientifiques poussées dans ce domaine mais c'est un fait avéré. L'influence du film est telle que c'est presque devenu un jeu de rôle qui s'accompagne des répliques cultes. Je ne vais pas dévoiler de secrets mais je peux vous dire que certains cadres de grandes entreprises nationales se sont bien marrés (et nous avec eux) entre deux réunions dans la grande salle que constitue mon bureau.

6

Le casting des Flots bleus

Il m'est impossible de raconter l'histoire de notre camping sans parler de ceux et celles qui le font vivre au quotidien. Le mot « famille » n'est pas du tout un cliché chez nous. Le feu de l'été nous a encore plus soudés, s'il en était encore besoin. Il est grand temps que je vous présente tous ces visages.

Stéphanie... « La fidèle ! » Elle est originaire de Montauban. Contrairement à Lino Ventura dans le rôle de Fernand Naudin dans le film des *Tontons flingueurs* qui a cette célèbre formule : « On ne devrait jamais quitter Montauban », Stéphanie a décidé de quitter sa ville natale. Au départ, il s'agit pour elle simplement de prendre des vacances. Durant l'année 2010, elle réserve un emplacement de tente avec son fils durant quelques semaines estivales. C'est son premier contact avec Les Flots bleus. Dès lors, elle revient chaque été au camping. Forcément, elle se lie d'amitié avec le personnel et ce qui devait arriver arrive : elle devient responsable du bar en 2017. Derrière le comptoir, elle a bien sûr été une observatrice privilégiée des amours de vacances et des beaux soirs de fête.

À ce sujet, je me souviens d'un matin où je me suis levé très tôt. Je marche un peu et je vois une couverture sur une banquette. Tiens, bizarre… Je commence à penser que nous avons été squattés durant la nuit par un voyageur de passage. Finalement, après une enquête menée par nos plus fins limiers, l'explication est donnée. Le voyageur de passage n'était autre que Stéphanie. La veille, soit le 25 juillet, elle avait fêté comme il se doit son anniversaire au bar et, victime d'un coup de fatigue inopiné en toute fin de soirée, avait décidé de dormir sur place plutôt que de se rendre dans son mobile-home. On s'interroge toujours aujourd'hui sur les raisons de ce phénomène, peut-être dû, selon certains spécialistes, à l'ivresse provoquée par l'air marin… Si vous la croisez lors de votre prochain séjour chez nous, n'hésitez pas à lui en parler, elle sera ravie !

Plus sérieusement, Stéphanie est un élément indissociable de notre tribu. Quand la catastrophe de l'incendie s'est précisée, c'est à elle qu'est revenue la tâche de me réveiller en pleine nuit pour m'avertir que la police avait investi les lieux et qu'il fallait évacuer le camping. Elle sait que je suis assez ronchon quand on me réveille ainsi mais, vu les circonstances, je ne pouvais décemment pas râler en lui ouvrant la porte. Je la revois ensuite sous le ciel orangé, assise devant la réception, le regard inquiet, avec un petit sac d'affaires posé sur ses genoux, nous lançant :

— Eh, ne m'oubliez pas, je n'ai pas de voiture.

On ne l'a pas oubliée. Lorsqu'elle est revenue sur les lieux quelques semaines après la catastrophe, le hasard a voulu qu'elle croise une équipe de tournage d'une chaîne de télévision. Comme personne ne voulait vraiment s'exprimer, elle a accepté de répondre aux questions de la journaliste dépêchée sur place avec son équipe. Vous imaginez sans peine son état d'esprit quand elle découvre l'étendue des dégâts. Je l'accueillerai quand elle arrivera, anéantie. Malgré tout, elle fait face au micro avec courage et sincérité. La journaliste lui demande :

— Alors vous avez perdu quoi ?

Stéphanie essaie alors de faire une liste de tout ce qui a brûlé. C'est difficile. Mais au hasard d'une réponse, elle explique qu'elle a perdu son Babyliss. Allez savoir pourquoi, c'est l'élément sonore que la journaliste va garder et diffuser dans son reportage.

Lorsqu'elle participe à l'interview, Stéphanie ne sait pas ce qui sera gardé lors du montage final mais elle refuse catégoriquement une proposition de l'équipe de tournage :

— Stéphanie, vous ne voulez pas vous mettre à quatre pattes et faire comme si vous cherchiez quelque chose dans les décombres ?

— Euh non. Vraiment non !

Oui non ! Vraiment non. Je comprends que les reportages puissent se nourrir de séquences plus ou moins fortes mais il y a des limites à ne pas franchir. Ce qui est sûr aujourd'hui, c'est que bon nombre de téléspectateurs ont vraiment cru que la seule chose qui ait attristé Stéphanie, c'était d'avoir perdu son lisseur ! Quand vous la croiserez au restaurant où elle va travailler en attendant la reconstruction du bar, n'hésitez pas à lui demander de vous raconter tout ce qu'elle a vraiment perdu lors du Grand Incendie de juillet, je suis sûr qu'elle vous répondra avec son accent inimitable et cette formule qui est sa marque de fabrique : « Oui, avé plaisir ! » (sa prononciation du C n'a pas quitté Montauban…).

Coco. « La mémoire ». Elle est originaire de Bretagne. La légende raconte qu'elle est arrivée sur le site quasiment à la création de la dune du Pilat. Mais la réalité administrative est tout autre. Elle a signé son tout premier contrat à la réception en juin 1988 et elle est à la même place aujourd'hui. Coco a tout connu dans l'exercice de sa profession. D'abord, elle a géré les réservations sur des supports papier en faisant résonner le bruit caractéristique des machines à écrire dans son bureau. Ensuite, il y a eu le Minitel, les premiers téléphones portables, les ordinateurs… le travail a changé mais sa maîtrise totale des langues étrangères est restée la même. D'ailleurs, lors des jours qui ont suivi l'évacuation du camping, cette facilité à passer de l'anglais à l'allemand ou à l'espagnol lui ont permis de venir en aide à des dizaines et des dizaines de touristes étrangers dans le hall de la foire d'exposition de La Teste.

Mais le jour où le feu s'est déclaré, Coco ne travaillait pas. Elle était chez des amis à La Teste, justement. Après avoir reçu un coup de téléphone qui lui annonce le danger potentiel que représente le feu qui s'étend, elle décide de revenir au camping le soir venu. Mais comme Coco vient d'une autre planète, elle se couche vers 23 heures sans avoir la moindre idée du plan d'évacuation que j'ai décidé au cas de danger imminent. Quand elle se fait réveiller en pleine nuit, elle marche au radar mais elle comprend vite que les événements se précipitent. Elle a juste le temps de récupérer quelques affaires dans son mobile-home avant de prendre la direction du parc des expos.

Je peux vous dire qu'elle a vraiment assuré au milieu de cette véritable marée humaine qui s'est retrouvée coincée dans le hall immense. Je la revois essayer de rassurer encore et encore tous ces vacanciers venus des quatre coins de l'Europe. Je sais qu'au bout de longues heures à les écouter se plaindre avec raison d'avoir perdu leurs tentes et quelques valises, elle aurait voulu leur dire : « Mais moi j'ai tout perdu. Tout. » Mais Coco est pro et elle a gardé ce sentiment en elle. Je sais qu'elle ne m'en voudra pas de le livrer aujourd'hui dans ces pages. Je crois que parfois, les gens ne se rendent pas compte que dans ce genre de situations hors norme, tout le monde souffre, sans exception. Heureusement, elle a tenu le choc jusqu'au bout. Pour elle aussi, le retour au camping a été un moment compliqué, même si elle avait vu au hasard d'une photo prise quelques semaines auparavant que son mobile-home avait été totalement détruit. Elle m'a expliqué que malgré le choc de cette image, cela lui avait finalement permis d'accepter la situation.

Les flammes lui ont enlevé des objets auxquels elle tenait, comme cette peinture d'un artiste local la représentant en mémère difforme ou cet autre tableau d'un peintre hollandais amateur, client du camping, la représentant de façon un peu plus abstraite sous le titre *L'Âme du camping*. De ces toiles, il ne reste évidemment plus rien. Le feu a tout emporté. Mais Coco m'a raconté que régulièrement, elle ferme les yeux pour établir une représentation mentale de son mobile-home. Elle se remémore tous ces objets simples accumulés au fil des étés dans le décor de son quotidien avant le Grand Incendie. Mais Coco est une optimiste convaincue. Elle n'a qu'une hâte : se retrouver derrière le comptoir de la réception pour accueillir nos premiers vacanciers. Elle risque de se heurter à une difficulté majeure qu'elle devra surmonter : le plan du camping a totalement changé. Les lettres et les chiffres ont été bouleversés pour les emplacements. Je n'exclus pas de lui faire réciter chaque matin la liste pour vérifier qu'elle a toutes les données en tête…

Lorenzo. « L'âme ibérique ». Lorenzo est originaire de la province de Huesca en Espagne. Il a longtemps vécu dans le village de Sabinanigo, situé à une demi-heure environ de la frontière française, une proximité géographique qui lui a permis de maîtriser rapidement le français lorsqu'il était enfant même si, aujourd'hui, il le parle avec une facilité déconcertante et une pointe d'accent qui donne envie de manger des tapas quand on parle avec lui. Je sais c'est un peu cliché mais je suis gourmand. Il occupe depuis deux ans un poste à la réception du camping après avoir longtemps travaillé dans les hôtels quatre étoiles de l'autre côté des Pyrénées avec son épouse Virginia. Ils ont décidé de quitter leur pays au moment de la crise qui a violemment bouleversé ce secteur de l'économie espagnole en 2015. Ils ont choisi la France comme point de chute pour un nouveau départ, et plus particulièrement le bassin d'Arcachon. Je crois que pour Lorenzo et sa famille, la magie des Flots bleus a opéré comme pour tous les autres membres de notre grande famille.

Au début des années 1990, ses parents ont acheté un camping-car pour partir en vacances. D'après vous, quelle a été leur destination pour ce voyage inaugural ?... Oui ! la dune du Pilat. Quelques années après, c'est comme un retour aux sources. Lorsqu'il a postulé au camping, j'ai pris rendez-vous avec lui et quand il est arrivé, j'étais pris dans une réunion de direction. Je lui ai donc proposé de se balader un peu dans les allées des Flots bleus pour s'imprégner du lieu. En fait, chacun de ses pas était scruté par un jury de psychologues et de chercheurs scientifiques dans différents domaines. Chacun guettait la moindre de ses réactions. Une obligation pour l'embaucher : il devait sourire au moins la moitié de son temps passé durant sa balade de découverte. Mission accomplie ! J'avoue que cette méthode d'embauche est discutable mais elle est efficace.

Mais il faut que je vous dise la vérité. Lorenzo est simplement tombé amoureux de notre camping. Il m'a expliqué qu'avant d'arriver chez nous, il n'avait jamais entendu parler du film. Il n'a pas été distribué dans les salles espagnoles. En fait, pendant plusieurs mois, il a pensé qu'il avait servi de décor à la série *Camping paradis*. Finalement, il a levé toute confusion en découvrant à la télévision les aventures de Patrick Chirac sous sa toile de tente. Lorenzo est profondément attaché à la nature qui nous entoure et à la dune qui nous domine. « On doit respecter tout ce qui était avant nous et tout ce qui sera après nous », m'a-t-il joliment dit un jour quand nous discutions tous les deux devant un petit café. Je sais qu'il est prêt pour se lancer à nos côtés dans la nouvelle vie des Flots bleus avec un seul regret. Sa maman est partie il y a quelques mois sans avoir eu le temps de se promener elle aussi dans les allées de ce petit camping dont il lui avait si souvent parlé. Je sais qu'il pensera fort à elle quand nous repartirons pour de nouvelles aventures même si tout ne sera pas facile, loin de là. De toute façon, comme le disait à juste titre le peintre espagnol Salvador Dali, compatriote de Lorenzo : « *No temas a la perfección, nunca la alcanzas* » (Ne craignez pas la perfection, vous ne l'atteindrez jamais !).

Anne et Didier. « La force tranquille ». Quand ils ont repris l'épicerie du camping, le premier film de la saga *Camping* venait de sortir. Didier et Anne ont posé leur valise au pied de la dune après de nombreuses années passées à bourlinguer à l'étranger, notamment aux États-Unis et en Amérique du Sud.

Anne est originaire de région parisienne et Didier, de celle de Bordeaux. Ils ont tout de suite compris que le film allait avoir des répercussions positives sur le long terme. Ils ont alors imaginé une série de produits dérivés qu'ils ont proposés à la vente dans l'épicerie à l'entrée du camping. Un carton ! Forcément, ils ont continué à surfer sur cette vague lors des deux tournages qui ont suivi. Ils ont même participé directement à l'aventure cinématographique. Un jour, Fabien Onteniente rentre dans l'épicerie. Le réalisateur a une idée derrière la tête et l'expose à Anne et Didier :

— Voilà, je suis à la recherche, pour certaines scènes, d'un épicier et d'un camion. Vous connaissez quelqu'un ?

Anne et Didier connaissent effectivement quelqu'un qui pourrait jouer ce rôle à merveille et répondent tranquillement :

— Bah oui… L'un de nous !

Souvent les choses les plus simples sont les plus efficaces et Fabien Onteniente accepte leur proposition. L'équipe de décorateurs modifie alors le vieux camion qui sert tous les jours à Anne et Didier pour transporter les produits de l'épicerie. Ils peignent un magnifique dauphin bleu dans un cercle associé au nom « Camping des Flots bleus ». C'est ainsi que Didier a piloté le camion que l'on aperçoit à plusieurs reprises dans l'épisode 2. Mais ce véhicule magnifiquement tagué aux couleurs du film continuait d'être utile dans la vraie vie à nos épiciers préférés. Résultat, quand ils se garaient pour récupérer des marchandises chez un fournisseur ou dans un marché, ils faisaient tout le temps leur petit effet, les gens pensant sans doute que Franck Dubosc allait sortir du coffre avec des boîtes de son chocolat en poudre préféré ou quelques bouteilles de cette boisson anisée chère à M. Pic !

Enfin, il faut quand même que je leur tire un grand coup de chapeau pour avoir eu l'idée du siècle. En effet, ce sont eux qui ont imaginé la silhouette de Franck Dubosc/Patrick Chirac posée à l'entrée du camping. Le principe est simple. C'est le corps de Patrick Chirac et on glisse sa tête pour la photo à l'endroit du visage du comédien. Là encore, carton ! Chaque jour, on estime durant les mois d'été que 300 personnes viennent se prendre en photo à l'entrée en Patrick Chirac. C'est une procession quasi permanente à laquelle nous assistons toujours avec plaisir. Elle donne souvent l'occasion d'échanger quelques mots avec ces hommes, ces femmes et leurs enfants qui posent devant leur téléphone portable en mode photo. On a l'habitude de dire entre nous que si Didier et Anne demandaient un euro à chaque fois, ils seraient millionnaires, depuis le temps !

Je crois que le truc le plus génial qui soit arrivé avec leur silhouette de l'acteur, c'est la fois où, justement,

Franck Dubosc est passé en chair et en os dans le camping. C'était en fin de saison. Il était venu les saluer et, forcément, des campeurs l'ont repéré. Des jeunes lui ont demandé s'il accepterait de placer sa propre tête au-dessus de son corps, où il apparaît dans son célèbre maillot de bain et torse nu. Il s'est gentiment prêté au jeu et il a posé ainsi avec les trois jeunes devant lui. Si vous les connaissez, faites-leur savoir que nous serions intéressés par une de leurs photos ! En attendant, une chose est sûre, je suis vraiment heureux de repartir avec eux pour de nouvelles saisons dans le camping, même si je suis un peu jaloux qu'ils n'aient pas pensé à utiliser mon corps de rêve pour un autre passe-tête…

Thierry. « L'homme aux platines ». Vous l'avez deviné, c'est notre DJ. Originaire des Landes (côté mer), il a croisé notre chemin il y a douze ans et depuis, il ne nous a plus quittés. Il vient mixer une fois par semaine, chaque mercredi, sur la scène des Flots bleus. La première fois qu'il est revenu au camping au mois de février, j'ai tout de suite deviné qu'il était bouleversé par ce qu'il avait vu en arrivant. Il a emprunté la petite route depuis Biscarrosse et il s'est rendu compte de l'ampleur de la catastrophe.

Ce qui est étrange, c'est qu'il a vécu directement le stress des deux incendies de l'été. D'abord celui de

La Teste parce qu'il connaît par cœur les lieux et est très attaché à ceux qui l'habitent, mais aussi l'incendie de Landiras. Thierry vit depuis plusieurs années dans les Hautes-Landes, à Luxey. Au mois de juillet, les flammes de l'incendie de Landiras se sont approchées à une dizaine de kilomètres de sa maison. Pendant des jours et des jours, il a respiré le parfum âcre de la fumée et il a vu avancer inexorablement la lueur orange de l'incendie avant qu'il ne soit maîtrisé par les pompiers. Il m'a raconté qu'il a été tellement choqué qu'il faisait toujours le même cauchemar. Il voyait fondre sous les flammes la totalité des 4 000 disques vinyles qu'il collectionne depuis ses débuts sans pouvoir les sauver.

Tout en se racontant comment nous avions vécu ces moments si particuliers dans une vie, nous avons bu un petit café tous les deux en regardant autour de nous. Il a noté combien il était miraculeux que tout n'ait pas été détruit par les flammes, à commencer par la scène où il s'installe toujours pour mixer. Elle n'a pas bougé. Presque comme si rien ne s'était passé. C'est là qu'il va s'installer à nouveau pour la toute première soirée musicale de l'été 2023. Nous n'avons pas évoqué une playlist particulière. De toute façon, depuis douze ans, je l'ai toujours laissé faire et, incendie ou pas, je vais continuer à le laisser totalement libre de ses choix musicaux. Je vais peut-être quand même lui glisser une suggestion pour illustrer ce paysage que certains appellent désormais la « Lune du Pilat » tellement le sol est nu et aride. Pourquoi pas *Walking on the Moon* de Police ? En tous les cas, je suis heureux que lui aussi reparte pour un nouvel été aux Flots bleus, même s'il sait que je continuerai à être intransigeant sur la fin du mix cinq minutes, voire dix minutes maximum après minuit. Sinon je lui envoie un texto : « Thierry, c'est l'heure ! »

Lego. « L'électron libre ». Tout le monde ici vous le dira. Je danse beaucoup moins bien que Lego ! C'est normal, il a suivi une formation de chorégraphe à Lyon, d'où il est originaire. Spécialiste du hip-hop et passionné d'animation, il a débarqué aux Flots bleus à la demande d'une agence d'animation avec laquelle nous travaillons. Il avait effectué l'été précédent une saison dans un gigantesque camping de la côte méditerranéenne. Quand il est arrivé, le contraste a dû être saisissant. Ici, pas de grandes structures mais quand il a levé les yeux vers le ciel, il a vu la dune. Cette montagne de sable est magique. Il suffit de la regarder une seule fois pour en tomber amoureux. Il a vite trouvé ses marques dans l'équipe parce qu'il a compris immédiatement les valeurs qui nous guident : respect, gentillesse et simplicité. Je suis heureux qu'il nous ait aussi apporté son perfectionnisme dans son approche artistique. Pour ceux et celles qui ont assisté à ses spectacles hebdomadaires avec les animateurs, où il mélange la comédie, l'opéra, la danse et la chanson, ce sont des moments de grande qualité. Pour lui, pas question de tomber dans la facilité. Il veut se servir des talents qui l'entourent pour que les gens qui viennent aux Flots bleus repartent en se disant : « Waouh, c'était bien ! »

Puisque j'évoque la dune, il faut aussi préciser que Lego anime régulièrement à son sommet des séances de yoga et de stretching. Il adore aussi la gravir régulièrement très tôt le matin pour bien commencer la journée. Moi aussi je le fais, mais je suis très discret et je ne le dis à personne… Quand je lui ai téléphoné pour savoir s'il était prêt à rempiler pour une nouvelle saison, il n'a pas hésité une fraction de seconde, avec un grand oui qui m'a fait chaud au cœur et dont je ne doutais pas. Lego fait partie de la tribu. Je ne sais pas encore quel sera le canevas de son premier spectacle mais je devine qu'il sera à son image : optimiste. Il a plus l'âme d'un clown que d'un tragédien et par les temps qui courent, surtout après ce que nous avons vécu, c'est un sacré plus !

Stéphane et Cécile. « Stress » et « Zen ». Le stress dans le (très) bon sens du terme ! Cécile est une vraie perfectionniste. Elle peut rester une demi-heure pour nettoyer un mobile-home si elle estime que tout n'est pas nickel. Stéphane, son mari, qui est désormais adjoint des services techniques, reste zen en toutes circonstances. Leur histoire avec le camping commence au moment du premier confinement. Ils font partie de ces personnes qui ont décidé de changer de vie à l'occasion de la crise sanitaire même si leur décision de quitter la Bourgogne où ils travaillaient tous les deux avait déjà mûri dans leur esprit depuis quelque temps.

Ils sont arrivés dans la région sur la pointe des pieds en prenant d'abord une location saisonnière à Biscarrosse et ils ont commencé à chercher du boulot. Stéphane est arrivé le premier chez nous et il m'a parlé de sa compagne. Cécile avait trouvé un travail dans un camping concurrent et ça ne se passait pas bien. Elle partait chaque jour prendre son poste avec la boule au ventre. Stéphane m'a parlé d'elle en me demandant si éventuellement il y avait une possibilité qu'elle rejoigne l'équipe des Flots bleus à plus ou moins longue échéance. Comme souvent chez nous, cette opportunité s'est présentée et elle a fait son entrée dans la grande famille du camping, dans le service de l'entretien. Ils se sont installés comme nous dans un chalet avec leurs deux enfants de cinq et neuf ans. Quand le camping a été évacué, ils étaient persuadés comme moi que le feu serait vite éteint et que la situation redeviendrait normale en quelques jours. Ils ont tout laissé dans leur « maison », à l'exception des doudous de leurs enfants. Ils n'ont pris que quelques affaires. Stéphane, qui est revenu plusieurs fois au camping durant cette période, était tellement persuadé que nous serions épargnés qu'il n'a jamais récupéré par la suite le moindre objet, notamment une lettre de son père décédé et un petit mot de sa sœur, également disparue.

Tout a brûlé chez eux comme chez nous. On s'est retrouvés, avec Julia, Pavel et eux, pendant de longues semaines, dans des chambres d'hôtel à Arcachon. Nous nous connaissions avant, bien sûr, mais des liens forts se sont tissés à cette occasion entre nous. Nous sommes vraiment devenus amis. Il y a quand même une chose qui me chiffonne quand je pense à eux. Il s'agit du syndrome du chat noir. Quand le feu s'est déclaré, la sœur de Cécile était dans le camping. Une année auparavant, lorsque nous avons subi des trombes d'eau quasiment historiques, sa sœur était aussi dans le camping. Je ne veux pas tirer de conclusions trop hâtives mais je me demande quand même s'il n'y a pas une malédiction dans l'air. Donc Cécile, je te demanderai à l'avenir de m'avertir si ta sœur Claire vient nous voir cet été, afin que je contacte les assurances !

Arthur et Lucas. « Le Grand » et le « Petit Grand ». Ce sont deux de mes trois garçons. Arthur est l'aîné. Il a 24 ans aujourd'hui, soit trois ans et demi de plus que son frère Lucas. Ils m'ont évidemment suivi lorsque j'ai entamé ma belle aventure aux Flots bleus. Je crois que dès la première seconde où ils ont posé les pieds sur les aiguilles de pin, ils ont adoré cet endroit. Il faut dire que lorsqu'on a 12 ans et 8 ans passés et qu'on se retrouve au beau milieu d'un camping, c'est un terrain de jeu idéal. Si vous ajoutez la dune du Pilat, vous obtenez un mélange parfait d'aventures et de petits bonheurs quotidiens. Ils ont vraiment profité de cet environnement privilégié. Pendant les deux mois d'été, ils ont passé des journées intenses au fil des années. Mais allez savoir pourquoi, quand le temps de l'enfance laisse la place à celui de l'adolescence, notamment chez les garçons, il s'opère une alchimie étrange qui peut pousser à énerver un papa ! Autant le dire tout de suite, Arthur et Lucas ont parfaitement illustré ce passage obligé de l'existence par des activités non encadrées et formellement interdites par le règlement du camping. N'ayant, contrairement à eux, jamais contrevenu aux directives claires de mes parents lorsque j'avais leur âge, je ne peux hélas que regretter qu'il l'ait fait. C'est ainsi que j'ai vaguement entendu parler d'une bataille d'extincteurs, mais aussi de retours relativement bruyants en pleine nuit, causant des réveils précoces de vacanciers.

Je crois que le paroxysme a été atteint lorsque l'un d'eux, que je ne citerai pas et dont le prénom commence par un A, a été interdit de gravir la dune un soir de 14 juillet à cause d'une punition. Il avait alors 14 ans. Mais l'immensité de la dune permet de monter en toute discrétion et c'est ce que s'est mis en tête ce jeune adolescent. Il assiste donc au grand feu d'artifice tiré depuis son sommet. Tout aurait pu se terminer sans encombre si, hélas, le destin ne s'était pas emmêlé les pinceaux. En fait, ce sont plutôt ses pieds qui se sont emmêlés lorsqu'il a voulu descendre la dune par l'escalier. Il est tombé et son genou a heurté une marche. Genou ouvert. Les urgences d'Arcachon. La totale, quoi ! Cela ne l'a pas empêché de continuer sa belle vie aux Flots bleus. Quelques années plus tard, il a même été animateur sportif durant tout un été.

Son petit frère a lui aussi grandi au rythme du camping. Je le soupçonne d'avoir participé à des aventures sans autorisation parentale. Mais sans preuve formelle, je ne me risquerai pas à l'écrire noir sur blanc. Lui aussi a participé activement à la vie du camping en intégrant les services techniques. Je sais que pour tous les deux, ce camping est une deuxième maison et les gens qui y travaillent, une deuxième famille. Si je me souviens des bêtises, je me souviens aussi et surtout de leurs regards émerveillés lorsque, petits, ils ont découvert les plantons fluorescents sur le rivage au pied de la dune du Pilat. Il leur suffisait de remuer un peu l'eau pour voir ces innombrables lueurs sous-marines comme autant de lucioles de l'océan.

Nous nous sommes promis de connaître à nouveau ces moments magiques, sans oublier de croquer à pleines dents dans une bonne pizza tous ensemble au sommet de la dune.

Fabien. « Le ferrailleur ». Derrière ce surnom se cache un élément essentiel de la vie du camping. Le responsable technique. Originaire de Chartres et après avoir passé de nombreuses années de sa vie en Normandie, il arrive aux Flots bleus en 2008. Il n'a pas vraiment le temps de réfléchir car il est lui aussi happé par l'aventure cinématographique de *Camping*. Il découvre l'incroyable impact du film sur les réservations et il accepte de figurer lui aussi sur quelques plans. Si vous voulez le repérer, c'est celui qui passe souvent en golfette électrique dans les allées des Flots bleus, en arrière-plan. D'accord ce n'est pas encore *Fast and Furious*, mais c'est un bon début. Plus sérieusement, c'est lui et ses équipes qui doivent veiller au fonctionnement du site. Chaque matin de très bonne heure, il consacre deux bonnes heures au nettoyage de la piscine et aux différentes mesures de la qualité de l'eau.

Il intervient aussi en cas de souci électrique, ou de plomberie dans les mobile-homes. Bref, il sait pratiquement tout faire. Il remplit enfin une mission qui est loin d'être évidente : installer l'escalier en bois permettant de grimper sur la dune au pied du camping.

Le principe est simple : poser près de 170 marches sur le sable. À partir de là, il faut vraiment se retrousser les manches parce que la transpiration est assurée !

Au début, tout va bien mais au fil des mètres, les cuisses commencent à tirer. Il faut descendre de plus en plus pour rejoindre les marches fixées entre elles par des attaches en inox. Je peux vous dire que Fabien est vraiment soulagé et heureux quand il atteint la dernière, presque tout en haut de la dune. Mais n'allez pas croire que sa mission se termine pour autant. Une fois que cet escalier est fixé, il faut l'entretenir quasiment tous les jours en balayant le sable qui s'est déposé sur les marchés. Sa condition physique est irréprochable. Je réfléchis d'ailleurs à lui proposer de participer à des concours comme celui de l'ascension des 1 665 degrés de la tour Eiffel. Avec un tee-shirt des Flots bleus, il pourrait bien créer l'événement ! Derrière l'humour, il y a aussi de la tristesse. Comme nous tous, Fabien a tout perdu lors de l'incendie. Son mobile-home est parti en fumée avec tous ses souvenirs. Mais lui aussi est bien décidé à regarder devant pour que l'on vive ensemble les futures aventures de notre camping.

Maud. « La sérénité ». Quand elle bosse, c'est le calme absolu. Indispensable qualité quand on travaille avec quelqu'un qui, comme moi, a parfois tendance à partir à cent à l'heure ! Maud commence son histoire avec les

Flots en janvier 2017. Originaire du Mans, elle a vécu à Paris et dans le Périgord avant de s'installer aux portes du bassin d'Arcachon, dans la ville de Marcheprime. Maman de trois enfants, elle a eu envie de changer d'air en s'installant avec son mari dans notre belle région. La première fois qu'elle est venue passer un entretien d'embauche, elle est restée quasiment tout l'après-midi. Pendant un quart d'heure, nous avons déterminé ce que je recherchais comme profil et pendant deux heures, nous avons discuté du camping. Plusieurs membres du personnel nous ont rejoints pour participer à la discussion, amenant chacun son regard et ses expériences. Quelques jours plus tard, elle a débuté à la réception du camping, poste ô combien stratégique ! Pour quelqu'un qui n'avait jamais fait de camping, elle a tout de suite trouvé ses marques. Comme une évidence.

Elle vit une saison intense et à la fin de l'été : la douche froide. Elle nous annonce qu'elle part pour un autre boulot. Six mois plus tard à peine, elle me téléphone pour me dire qu'elle a envie de revenir. Nous nous revoyons pour en parler. Elle m'explique qu'elle s'est trompée et que sa place est parmi nous. Je prends un peu de temps pour la réflexion même si je connais déjà ma décision. Elle revient parmi nous peu de temps après. Et puis en 2021, Maud m'annonce qu'elle veut entreprendre un grand voyage en Afrique. Elle part avec un 4 x 4, une remorque, son mari et ses enfants. Je suis heureux pour eux. Vivre ses rêves me paraît une évidence. Mais tout n'est pas si simple. Leur expédition a du plomb dans l'aile car la remorque qu'ils ont achetée à l'étranger présente une anomalie d'immatriculation. Le départ est donc décalé. Problème : leur maison de Marcheprime est vendue. Comme ils ne savent pas où dormir, je leur propose évidemment de venir aux Flots bleus. Une fois le problème résolu, ils partent enfin vers l'Espagne. Mais là encore, une galère surgit. Le vol de leurs passeports. Il faut entrer en France. Comme ils ne savent pas où dormir, je leur propose évidemment de venir aux Flots bleus.

Une fois le problème résolu, ils peuvent enfin partir, mais plusieurs pays africains où ils avaient prévu de se rendre ont fermé leurs frontières. Cette fois, c'est le coup de grâce pour leur expédition. Maud revient me voir au mois de juin 2022 pour savoir si, éventuellement, il y aurait une possibilité qu'elle travaille à nouveau au camping. Comme une stagiaire s'est décommandée, une place est libre. Maud revient mais le 12 juillet, l'incendie entre en jeu. Désormais, Maud est parmi nous, prête elle aussi à relever le défi qui attend Les Flots bleus. Et il est de taille Je ne veux pas trop m'avancer avec elle mais je pense qu'elle est partie pour… rester !

Jean-Pierre. « Le comptable ». J'avoue que ce surnom peut faire penser à celui d'un personnage des *Affranchis* mais rassurez-vous, il n'en est rien. Originaire de

Bordeaux, il a croisé le destin des Flots bleus en 2008. Il avait travaillé avec Gilbert Cordier dans le monde automobile avant de se lancer à la demande de Sébastien dans la direction financière de la holding familiale et donc du camping. D'où son surnom… Nous avons partagé le même bureau pendant plusieurs années et j'ai pu me rendre compte de son efficacité. Après l'incendie, c'est lui qui a dû gérer en un temps record la constitution des innombrables dossiers destinés aux assurances. Il lui a fallu contacter un véritable bataillon d'interlocuteurs pour récupérer les documents officiels auprès des différentes administrations concernées, mais aussi des notaires et cabinets d'experts-comptables. De nombreux documents d'archives papier sont partis en fumée quand le camping a brûlé mais heureusement, il a pu scanner plusieurs pièces importantes avant la catastrophe. Durant l'automne, il a bataillé ferme pour que tout soit en ordre afin que les entreprises puissent commencer à travailler à la renaissance du camping. C'est aussi lui qui a eu la mission essentielle de rembourser nos clients évacués pendant le mois de juillet. Il s'est heurté à une difficulté majeure : nos logiciels sont habitués à collecter les fonds plutôt qu'à les redistribuer. Comme il faut un début à tout, il a donc fallu modifier la donne. Nous avons remboursé, selon les derniers chiffres qu'il m'a communiqués, près de 400 000 euros. Je peux affirmer sans prendre trop de risques que nous avons indemnisé tout le monde.

Jean-Pierre est l'illustration parfaite de toutes ces pièces qui forment le puzzle des Flots bleus. Lui aussi est un amoureux du camping où il avait l'habitude de passer les quinze premiers jours de juillet pour la mise en place avec moi de la vie quotidienne de notre petite entreprise. Il m'a confié avoir connu comme nous tous et toutes des hauts et des bas après le Grand Incendie. Son mobile-home a été détruit mais son envie de revenir encore et toujours aux Flots bleus est la plus forte. Nous avions prévu de fêter ses 50 ans le 23 août dernier mais la vie en a décidé autrement. Ce n'est que partie remise.

Je pourrais en conclusion vous raconter que nous avions dignement fêté son quarantième anniversaire avec une pétanque surprise, suivie d'un apéritif surprise, d'une belle bouffe surprise, d'une virée surprise en boîte de nuit et d'un retour à pied surprise à travers la forêt en éclatant de rire, mais ne comptez pas sur moi. Je ne trahirai pas Jean-Pierre.

Ce qui se passe aux Flots bleus reste aux Flots bleus.

Julia. « MaJu ». J'avoue que parler de ma compagne dans un livre est un exercice un peu nouveau pour moi. Nos chemins se sont croisés en 2014. Julia a une formation dans la restauration et elle a postulé pour travailler au restaurant en tant que serveuse. C'était la première fois qu'elle occupait un boulot de saisonnière mais elle était habituée au camping depuis toujours avec ses parents.

À partir du mois d'avril où elle a pris ses fonctions, nous nous sommes vus quasiment tous les jours puisque je déjeunais systématiquement à une table du restaurant. Nous avons appris à nous connaître et notre belle histoire a commencé durant l'été qui a suivi. Ne comptez pas sur moi pour des images au ralenti de nos regards qui se croisent et une musique romantique parfaitement adaptée à base de guitare et de voix… Je vous laisse la liberté de tout imaginer. Une chose est sûre, tout aurait pu s'arrêter net quand elle m'a annoncé qu'elle voulait se lancer dans des études d'infirmière. Direction Lille. Le Nord ! Elle y est restée neuf mois, le temps d'une première année avant de revenir au pied de la dune pour me retrouver. Et moi, elle me manquait tellement que si elle n'était pas revenue, j'aurais pu quitter « ma » dune pour la retrouver au pied d'un terril (désolé, amis du Nord, pour ce cliché éculé) et écouter *Les Corons* de Pierre Bachelet en courant vers elle.

Notre vie de couple a donc pris son envol et en 2017, Julia est devenue gérante du restaurant. Pour son baptême du feu, elle a dû préparer 300 repas quasiment toute seule puisque la chef prévue pour travailler avec elle avait déclaré forfait. On aménage petit à petit notre chalet en bois au-dessus de la réception. Comme nous sommes plutôt nomades tous les deux, nous avons meublé avec des objets de récupération trouvés ici et là. C'est notre cocon familial. Il est comme nous. Simple et chaleureux. Assez petit aussi ! C'est là que Pavel, notre fils, a fait ses premiers pas. Lorsque le Grand Incendie s'est déclaré nous n'avons pas eu d'autre option que de nous répartir les rôles. D'abord pour elle, l'urgence de mettre à l'abri notre fils et Thunder, notre chien. Pendant que je gère la situation, Julia prépare en quatrième vitesse des affaires dans des sacs. Ensuite, elle prend Pavel dans ses bras. Ses parents sont présents au camping. Comme elle ne se sent pas de conduire, elle demande à son père de prendre le volant de notre voiture. Sa mère conduit leur véhicule avec nos neveux à l'arrière. Même si tout se passe sans panique, on ressent quelque chose de spécial, surtout quand je vois démarrer le convoi qui disparaît ensuite au loin. Je retrouverai les miens l'espace de quelques heures lorsque je me rendrais moi aussi au Parc des Expositions avant que Julia parte dans sa famille prés de Bordeaux.

Par la suite, je n'ai pas revu Pavel durant dix jours. Une éternité. Bien sûr, Julia m'appelait tout le temps pour prendre des nouvelles. Elle vivait la catastrophe sur les chaînes d'information et j'essayais de la rassurer comme je pouvais. Heureusement on se retrouvait le soir dans l'hôtel pour pouvoir discuter et échanger sur les dernières infos. Les semaines qui ont suivi la destruction du camping, nous avons vécu vraiment au jour le jour.

7

Les années du changement

2017-2018-2019. Ces trois années, comme les trois films de la série camping, marquent le début d'une longue période de changement et d'évolution aux Flots bleus. D'abord l'ancienne gérante du restaurant a décidé de passer la main. Ma compagne Julia dont c'est la formation se lance à son tour dans l'aventure. Elle apporte sur les tables son amour des produits frais et locaux dans des petits plats qui changent un peu de l'éternelle pizza même si on continue de servir au camping la Régina la Quatre Fromages et autre calzone. La saison d'été est une réussite et Sébastien m'explique qu'il aimerait qu'on réfléchisse à de nouveaux aménagements. Nous avons envie de nous inscrire encore plus dans une philosophie de nature et de simplicité. L'idée générale est d'intégrer des chalets en bois et des tentes lodge en remplacement de mobile-homes qui s'intègrent moins bien dans le paysage. On attend donc les différents permis d'aménager pour lancer les travaux d'aménagement. Et pendant ce temps, la fréquentation ne cesse d'augmenter. Les campeurs se pressent pour venir passer leurs vacances chez nous, pour notre plus grand bonheur. C'est une chose qui ne change pas, pas plus que l'esprit maison et familial qui nous anime. Simplicité et bienveillance.

Comme pour tout le monde, nos vies se retrouvent totalement bouleversées par l'arrivée du Covid et du premier confinement qu'il engendre. Celui-là, personne ne l'avait vu arriver. Pour être sincère, nous n'étions pas les plus à plaindre, confinés en pleine nature au milieu de notre camping pour faire face à cette situation inédite en France. Après des semaines et des semaines loin du monde, nous avons peu à peu repris notre activité même si la perspective de battre des records de fréquentation n'était plus vraiment d'actualité pour l'année 2020. Avant que l'esquisse de la saison estivale ne se dessine, un autre événement de portée mondiale survient dans ma vie le 9 mai 2020 : la naissance de mon fils Pavel. Je rêvais d'une fille après avoir déjà eu deux garçons, j'en accueille un troisième.

Deux mois après la naissance de Pavel, le camping reçoit la livraison jusqu'ici retardée des nouveaux chalets. La saison se déroule pour le mieux avec des protocoles sanitaires à mettre en place et toujours le spectre des vagues de contagion, qui reste dans tous les esprits. Un confinement chasse l'autre mais nous essayons toujours de garder le cap pour faire évoluer le camping. Lors du troisième, Sébastien décide de lancer un nouveau changement. Il veut remplacer les mobiles-homes restants par des tentes lodge. Un mélange harmonieux de bois et de tentes qui se fond parfaitement dans le paysage et offre une qualité d'accueil optimale pour les vacanciers. La décision est également prise de refaire le parking devant le camping et l'aire de jeux pour les enfants.

Pour que vous puissiez mesurer l'ampleur du chantier, ce sont près de deux millions d'euros qui sont investis sur deux ans au total dans ce plan ambitieux auquel toute l'équipe adhère à 100 %. Même si la saison estivale de 2021 est tronquée, nous arrivons à limiter les dégâts et on mise tout sur le retour des vacanciers en 2022.

8

Le Grand Incendie

Mardi 12 juillet 2022

Le camping affiche quasiment complet. C'est une journée ensoleillée qui s'écoule paisiblement dans les allées des Flots bleus, rythmée par le chant des cigales et les cris des enfants qui plongent dans la piscine. Le soleil inonde la dune dont le parking affiche logiquement complet. Sur la route départementale, Sébastien et Aurélie sont en train de préparer le marché nocturne de producteurs locaux prévu pour le lendemain. On attend aussi des techniciens qui doivent venir nous installer la fibre après de longues années avec un débit plus ou moins capricieux ! Cette fois, on n'entendra plus les inévitables expressions « J'ai pas de réseau » ou « je capte mal, je te rappelle » à longueur de journée. L'humeur est plus que jamais à l'optimisme. J'imagine déjà les professionnels qui vont arriver pour nous connecter en nous disant comme dans le film "Messieurs Mesdames, ça va être du grand Mendes". Alors pour ceux et celles qui n'ont pas forcément la référence, c'est un clin d'œil au garagiste du film qui répare la voiture de collection de Gérard Lanvin en lui lançant cette réplique devenue culte. J'en profite pour saluer le comédien Abbes Zahmani qui interprète ce rôle de mécanicien génial.

Quelques jours auparavant, nous avons fêté tous ensemble au restaurant les records historiques de fréquentation du camping pour des mois de mai et juin. On a effacé la difficile période de la crise sanitaire dans une proportion qu'on n'imaginait pas si importante. Ce n'est peut-être pas l'euphorie mais cela y ressemble sacrément.

Vers 17 heures ce 12 juillet, je pars avec ma voiture récupérer mon fils Pavel chez sa nounou à la crèche située dans la commune voisine de Cazaux. La crèche a d'ailleurs été évacuée plus tard à cause des fumées toxiques. Comme à chaque fois, je sors du parking, je tourne sur la gauche avant d'obliquer sur la route des Sénégalais. C'est une piste forestière truffée de nids-de-poule qui tient son surnom de la Nécropole du Natus où se trouvent les corps des 956 tirailleurs sénégalais ayant donné leur vie pour la France durant la Première Guerre mondiale. Le bâtiment commémoratif est situé à l'endroit même où les tirailleurs campaient avant de partir au combat en 1914. Ce chemin goudronné est un raccourci bien connu des locaux mais aussi des vacanciers depuis quelques années grâce aux toujours plus nombreux et précis GPS. La piste est tracée au cœur de la forêt sur une distance de 6 kilomètres au milieu des pins, entre la D 218 qui jouxte le camping et la D 112 où se trouve notamment le zoo.

Je m'engage sur la piste et après 2 kilomètres, je suis bloqué par un véhicule de la gendarmerie garé au milieu de la chaussée : « Il faut faire demi-tour car un feu vient de se déclarer, on attend les pompiers. » Je m'exécute et je croise deux camions de pompiers qui arrivent, sirène hurlante, sur la piste. Je ne distingue aucune fumée à ce moment-là et je rentre finalement au camping après avoir fait un grand tour pour récupérer Pavel. Je ne suis pas du tout inquiet. Quand j'arrive au camping, je gare ma voiture et je vois une dizaine de personnes qui regardent au loin vers la forêt. Je descends et je devine la colonne de fumée qui s'élève au-dessus des arbres au loin. Elle est à 6 kilomètres de nous et s'élève toute droite dans le ciel, sans former pour autant un nuage inquiétant. D'ailleurs, personne n'est inquiet à ce moment-là. Un responsable de la mairie passe devant le camping pour nous expliquer que les pompiers sont en pleine action et qu'ils contrôlent la situation. Personne n'imagine à cet instant précis ce qui va se passer.

18 h 54, beaucoup se sont rassemblés devant le bureau de la réception et on voit passer au-dessus de nous les Canadair qui viennent en renfort. Plusieurs campeurs allemands et espagnols viennent nous signaler qu'ils ne veulent pas rester. Ils ont connu des incendies dans le passé dans les mêmes circonstances, sans me préciser à quel endroit, et ils souhaitent partir au plus vite. Quand je les vois partir avec leur caravane, je ne peux m'empêcher d'être inquiet car personne ne sait vraiment où se situe le feu et j'ai peur qu'ils se retrouvent prisonniers des flammes. Dans le même temps, je rassemble les équipes et nous commençons à préparer la procédure d'évacuation. Jusqu'à 22 heures, le camping vit le plus normalement du monde après les animations du soir. Avant de me coucher, je demande à tous les salariés de dormir près de leur téléphone portable et je donne six talkies-walkies et des gilets fluo à celles et ceux qui auront en charge de procéder à l'évacuation si elle est décidée.

Mercredi 13 juillet 2022

2 heures du matin. Mon portable résonne près du lit. C'est un policier

« Franck, il nous faut de toute urgence la liste de tous les vacanciers qui sont présents. »

« Oui, je m'en occupe tout de suite. »

Je m'habille en vitesse et je descends à la réception. Là, les fonctionnaires présents m'informent qu'aucune évacuation n'est prévue pour le moment et que c'est simplement une démarche de précaution. J'imprime la liste des vacanciers et je la remet aux policiers.

3 heures 30 du matin. J'essaie de me recoucher pour dormir un peu. Impossible. J'entends mon fils pleurer. Un mauvais rêve. Je le prends dans mes bras. Instinctivement, je regarde par la fenêtre de notre chalet situé juste au-dessus de la réception et je vois des gyrophares partout. Je dis à Julia que je dois aller voir ce qui se passe. Je descends en courant et les policiers me disent que cette fois, il faut évacuer le camping.

On ne voit aucune flamme, il n'y a pas de fumée, pas d'odeur. C'est assez étrange de se dire que le feu est quelque part sans que l'on sache où exactement. Peut être prêt à nous dévorer. En tous les cas, les forces de l'ordre nous demandent d'évacuer sans attendre. On fait le tour des emplacements en essayant de n'affoler personne : « Bonjour messieurs-dames, voilà, il faut évacuer le camping à cause de l'incendie qui approche, prenez le strict minimum et rendez-vous au parc des expositions de La Teste où vous serez pris en charge. » Nous répétons cette formule dès qu'une porte de mobile-home ou une fermeture Éclair de toile de tente s'ouvrent. Parfois les campeurs en face de nous ne sont pas du tout réveillés, d'autres sont embrumés parce qu'ils ont fait un repas bien arrosé. Mais tout se passe dans un calme sidérant. Je suis vraiment étonné que les gens restent aussi zen malgré les gyrophares et les allées et venues incessants des véhicules de secours. Ils montent les uns après les autres dans leurs voitures en attendant le signal du départ. Le camping se vide en trois quarts d'heure avec plusieurs convois qui prennent la direction de La Teste.

Ce qui est étrange, c'est que nous avions un plan d'évacuation qui prévoyait que tout le monde se rende non pas à La Teste en voiture mais en marchant à 500 mètres du camping jusqu'à une plateforme de sable dédiée au départ des parapentes, dans le Pyla Camping, le camping voisin. C'était le schéma officiel tel qu'il nous avait été communiqué par les autorités un mois avant l'incendie, lors d'une réunion de la commission de sécurité. Cette option n'est visiblement pas du tout retenue par la police. En clair, on devait partir à pied à droite en sortant du camping et tout le monde part à gauche et en voiture !

4 heures du matin. Le camping est désert. Nous sommes six à être restés. On se regarde, incrédules.

— Mais les gars, il s'est passé quoi ? Y'a plus que nous !

Les deux personnes en charge de l'épicerie arrivent quelques minutes plus tard :

— Allez, on va prendre un petit-déjeuner tous ensemble pour prendre des forces.

On s'installe tous autour d'une grande table et on ne voit pas la fumée. Il n'y a toujours pas d'odeur. Quand le jour se lève, je regarde en face du camping et la colonne de fumée est toujours la même. Près de moi, Lego, le responsable de l'animation, s'est endormi sur une chaise. Je me dis que la situation va forcément se calmer. Pendant ce temps, tous les clients sont arrivés au parc des expositions de La Teste. Sébastien et Aurélie sont sur place pour appuyer les équipes du camping qui n'ont pas dormi de la nuit. La prise en charge par les bénévoles de la protection civile est exemplaire. Il faut dire que l'ambiance est assez surréaliste. Les 6 000 campeurs des cinq campings autour de la dune se retrouvent dans cet immense hall où ont été déposés des lits de camp. Il y a des sourires et des larmes mais la solidarité est magnifique à chaque instant. Je suis les événements en direct en écoutant la radio et en essayant de regarder les chaînes d'info jusqu'à ce que la police arrive au camping en début d'après-midi. Pas besoin de long discours. Depuis plusieurs minutes, on voit la fumée qui s'épaissit et on comprend vite qu'il nous faut, nous aussi, évacuer le camping.

C'est la première fois depuis le début des événements que je me dis : « Putain, ça craint ! » Au-delà du feu, je n'arrive pas à me dire que je vais laisser le camping comme ça, sans protection. Pour être tout à fait sincère, on s'est fait sermonner (avec raison) par les policiers quelques heures auparavant. Notre camarade Kinou n'a rien trouvé de mieux que partir en douce avec sa mobylette au parc des expositions de La Teste pour voir si tout allait bien, et de revenir ici en passant par des routes fermées. Comment est-il passé au travers des barrages ? Mystère ! Forcément, quand il a tourné pour arriver au camping, il s'est fait arrêter directement par la voiture de police qui stationnait là ! Mais ce qui est sûr, c'est que nous devons partir tout de suite. Je monte dans ma voiture sans prendre la moindre affaire dans mon chalet car je suis persuadé que je vais revenir dans quelques heures. J'ai une paire de baskets, un short et un tee-shirt floqué « Les Flots bleus ».

J'arrive au parc des expositions de la Teste et je découvre ce décor incroyable avec des enfants qui dorment sur des lits de camp ou qui jouent au foot dans un coin de la salle. Juste avant d'entrer, je vois un couple qui dort sur l'herbe pres d' un gros chien qui semble veiller sur le sommeil de ses maîtres. Je croise les clients du camping qui viennent à ma rencontre. Je n'arrive pas à me dire que quelques heures plus tôt, nous étions ensemble pour une soirée karaoké et pétanque sous les étoiles. C'est là aussi que je croise Geoffrey et sa femme Isabelle dont je vous ai brievement parlé au début de mon récit. Ils font partie tous les deux de nos clients parmi les plus fidèles depuis une dizaine d'années. Ils sont complètement déboussolés. Effrayés. Incrédules. J'essaie de les réconforter comme je peux mais je devine que les larmes ne sont pas loin. Je reste quelques minutes avec eux, le temps de les guider vers les membres du staff des Flots Bleus. Là, ils retrouvent des visages familiers et rassurants.

Pour moi, pas le temps de souffler. Très vite, je commence à répondre à des interviews de journalistes pendant que Sébastien et Aurélie gèrent les clients avec le reste de l'équipe, bien sûr totalement mobilisée malgré la fatigue et le stress.. Une équipe facile à reconnaître avec ses marinières aux couleurs des Flots bleus. Ce qui se passe durant plus de vingt quatre dans ce grand hall d'apparence si froide et impersonnelle est totalement surréaliste. J'ai l'impression de me retrouver au milieu d'un village avec la lumière blanche des néons en guise de ciel. Pas grave. La chaleur est ailleurs. Dans l' entraide et la bienveillance à chaque seconde. J'ai encore dans la tête la voix de cette maman qui raconte à son petit garçon une histoire de magie. Ils sont tous les deux allongés sur un lit de camp. La maman a posé son grand verre de thé pendant qu'elle raconte à son garçon qui mâchouille son doudou.

Un peu plus loin un groupe d'ados d'une colonie de vacances se partagent des grands sacs de fraises rouges en bonbons et des rouleaux de réglisse.

La solidarité et la mobilisation de la population sont incroyables. La plupart des campeurs trouvent des hébergements gracieux chez les habitants de La Teste et des communes voisines. Beaucoup proposent de loger les vacanciers évacués, d'autres apportent des plats cuisinés et ce va-et-vient est magistralement orchestré par les équipes municipales et les bénévoles. Petit à petit, je vois l'immense hall du parc des expositions se vider de ses occupants.

En fin d'après-midi, je retrouve enfin Julia dans une maison que l'on nous a gentiment prêtée au Pyla-sur-Mer. Je prends une bonne douche et je me pose enfin en famille. Un peu de répit. De calme. Forcément, je regarde les informations à la télévision et je me rends compte que la situation est critique, non seulement autour de la dune mais aussi à Landiras. Dans l'après-midi, une rumeur sortie d'on ne sait où commence à se répandre : le feu de Landiras et celui de La Teste vont se rejoindre en une sorte de méga-feu. Cette fausse information a circulé pendant quelques heures avant que les pompiers expliquent que c'est totalement impossible. Heureusement, parce que la catastrophe aurait été inimaginable.

Au fil des heures, le hall s'est considérablement vidé de ses occupants, tous relogés à droite et à gauche. Une grande partie de l'équipe du camping trouve refuge dans un hôtel d'Arcachon qui appartient à la holding familiale. L'établissement est fermé pour travaux mais les circonstances sont exceptionnelles. On ouvre les chambres.

Pendant que tout s'organise tant bien que mal dans l'hôtel sur le mode improvisation, je n'arrive pas à trouver le sommeil. Je pense aux Flots bleus livrés à eux mêmes.

Jeudi 14 juillet, Pyla-sur-Mer

6 heures du matin. Encore une nuit presque blanche. Je suis impatient de retourner au camping. Des amis nous ont gentiment prêté une maison à quelques encablures de la Dune. Nous sommes arrivés nous aussi avec le strict minimum. Quelques tee-shirts, nos brosses à dents, deux paires de baskets et c'est à peu près tout. J'avoue que sur le moment nous ne nous rendons pas compte que nous avons tout perdu. C'est plutôt : « Tiens, je crois qu'il va falloir qu'on achète deux ou trois trucs pour les prochains jours. » Heureusement, avant de quitter notre chalet, Julia a récupéré dans un sac un maximum d'affaires pour notre bébé. Pour nous, c'est ça l'important. Ce matin-là, je monte dans ma voiture pour me rendre au rond-point de la dune. Les policiers bloquent la route qui mène au camping en direction de Biscarrosse. Je m'avance vers eux :

— Bonjour, je suis Franck Couderc, le directeur du Camping des Flots bleus. Je peux passer ?

— Écoutez, c'est impossible. Le secteur est trop dangereux. Personne ne passe sauf les pompiers. Désolé.

Je devine à leur ton qu'ils sont vraiment désolés et que pour eux aussi le sommeil a dû être de courte durée. Je n'ai pas le choix, je reprends ma voiture et je me dirige vers le parc des expositions. Je retrouve Sébastien et Aurélie pour un petit-déjeuner, histoire de reprendre des forces pour cette journée qui s'annonce encore épuisante. On a tous le nez sur notre téléphone pour tenter d'avoir les informations que distillent les réseaux sociaux.

De mon côté, j'ai une source d'information solide et fiable grâce au système vidéo du camping relié à mon smartphone. Jusqu'à présent, la situation est normale. Je ne vois ni flamme ni fumée. Sébastien fait le forcing auprès des autorités pour qu'on puisse tout de même se rendre sur place. On obtient l'autorisation du sous-préfet en fin de matinée pour qu'un groupe de six personnes de l'équipe parte avec les pompiers et la police jusqu'aux Flots bleus. Stéphane, Benjamin, Julia, Mariana, Jean-Philippe et moi. On arrive au camping presque comme si tout était normal. On passe l'après-midi à sécuriser ce qui peut l'être et à faire le tour des réfrigérateurs dans les mobile-homes pour vérifier que tout est en ordre. On mange tous ensemble dans une ambiance étrange. Le camping est vide. Tellement vide. Au loin dans la forêt, face à nous, on distingue toujours la même colonne de fumée qui semble fixée au même endroit que les jours précédents. Le silence plane sur les allées du camping, seulement perturbé par les avions Canadair et les hélicoptères qui survolent la zone jusqu'à ce que la nuit tombe. Nous avons obtenu tous les six le feu vert pour passer la nuit dans le camping. Je donne simplement une consigne à notre petite troupe :

— Chacun dort près de son téléphone, sonnerie au max !

Vendredi 15 juillet, Camping des Flots bleus

6 h 45. Je sors de mon chalet et je marche vers la réception, les yeux embrumés par un sommeil que j'ai encore eu du mal à trouver. Machinalement, je tourne la tête vers la forêt, et rien ! La fumée a disparu. Je fais quelques photos. Je me dis : « C'est gagné, les pompiers ont réussi, c'est génial. » Je ne le sais pas encore mais le feu, poussé par le vent, s'est déplacé vers Cazaux, brûlant plusieurs maisons. Je téléphone à Sébastien et Aurélie pour leur raconter ce qui se passe et les rassurer mais ils me disent que les images satellites de l'incendie sont inquiétantes, même si personne ne peut prédire la direction des flammes dans les prochaines heures.

9 h 30. La vie s'organise pour notre troupe de six personnes. On continue de nettoyer le camping presque

tranquillement sous le chant des cigales. J'apprends par une notification de mon téléphone que la commune de Cazaux a été évacuée mais ici, sous les pins au pied de la dune, la situation continue d'être calme, même si on voit passer de nombreuses colonnes de pompiers sur la route. D'ailleurs, nous leur ouvrons les sanitaires pour qu'ils puissent venir se doucher et la salle climatisée pour qu'ils se reposent au frais entre deux interventions dans la forêt.

17 heures. Grâce à l'autorisation du sous-préfet pour organiser des convois en direction des campings, nous accueillons les campeurs qui viennent récupérer leurs affaires. Pas de stress, pas de panique. Tout s'organise dans un calme étonnant. Cela peut paraître bizarre mais j'ai l'impression que nous avons tous déjà vécu ce moment alors que pas du tout. L'opération dure moins d'une demi-heure et à nouveau le camping se vide. Leurs affaires récupérées, certains campeurs ont décidé de rentrer chez eux ou bien de continuer leurs vacances ailleurs. Une fois tout le monde parti, on reste tous les six au camping et la fumée est toujours quasi invisible.

19 heures. Je commence à recevoir des coups de téléphone de plusieurs rédactions. Les journalistes veulent savoir s'il existe un risque que le camping soit évacué. Je leur réponds par la négative tout en précisant que personne ne peut prédire ce qui peut se passer. Mais de mon côté, je suis persuadé que le feu va être circonscrit. En fait, je ne sais pas encore ce que nous apprendrons

plus tard des pompiers. Ils doivent combattre de véritables vagues de feu de plusieurs dizaines de mètres de hauteur. Pour la première fois ils sont aussi les témoins directs de véritables tornades de flammes qui embrasent tout en quelques fractions de seconde.

20 heures. Nous nous retrouvons tous les six autour de la table pour le repas du soir. Bien sûr on évoque ce qui se passe tout en mangeant. Avec du recul, c'est une ambiance qui peut faire penser aux films catastrophes de Hollywood. Un danger imminent rôde dans les alentours mais les héros continuent de vivre normalement. Quand la nuit recouvre la dune, le camping des Flots bleus est toujours debout.

Samedi 16 juillet, camping des Flots bleus

7 heures du matin. Nuit blanche. Je n'ai pas réussi à dormir plus d'une heure. Sommeil complètement haché. Comme d'habitude, je marche vers l'entrée du camping. Tout est paisible. Je vais me préparer un café pendant que le reste de la troupe se réveille au compte-gouttes. Personne n'a vraiment bien dormi. Le jour se lève. Le soleil commence à briller et le ciel est toujours étonnamment bleu. Sans trop savoir pourquoi, alors que je ne l'ai pas fait depuis des années, je décide de gravir la dune du Pilat. Je crois que j'ai envie d'essayer de vraiment visualiser ce maudit incendie qui joue avec nos nerfs. J'emprunte

l'escalier en bois et ses presque 200 marches pour arriver au sommet. On distingue un peu de fumée au loin mais j'ai vraiment l'impression que l'incendie a baissé d'intensité. Je fais quelques photos avec mon téléphone, que j'envoie à tout le monde. Ce que j'ai vu me rassure. Je redescends au camping après une bonne demi-heure passée sur le sable à contempler cet extraordinaire panorama. Dans quel autre endroit de l'univers peut-on, à plus de 100 mètres de hauteur en tournant la tête, avoir d'un côté le vert d'une forêt de pins et de l'autre, le bleu de l'océan ?

Je retrouve les autres et nous décidons de faire des équipes pour continuer à tout ranger dans le camping. Nous prenons systématiquement des photos de chaque mobile-home pour constituer un dossier que les campeurs pourront consulter plus tard. On fait un repas tous les six et on part se coucher assez tôt. J'espère mieux dormir que la nuit précédente mais je me sens totalement épuisé. Juste avant de rentrer dans mon chalet, je vérifie une dernière fois l'entrée du camping. On ne voit toujours pas les pompiers. Les Flots bleus sont toujours debout.

Dimanche 17 juillet, parc des expositions, La Teste

10 heures. Le hall s'est totalement vidé de ses occupants. On a tous la sensation que la situation peut

s'améliorer. Les pompiers nous préviennent que les prochaines heures vont être capitales pour la suite. On se refuse à envisager le pire mais les images diffusées par les journaux télévisés sont terrifiantes. Chaque heure qui passe, ce sont des centaines d'hectares de forêt qui partent en fumée. On devine l'inquiétude dans les propos des pompiers interviewés.

Dimanche 17 juillet, camping des Flots bleus

Ce matin, le point de situation de la ville de La Teste est le suivant. La récupération de tous les animaux de Cazaux s'est très bien déroulée et terminée hier soir à 22 h 30. C'est un soulagement pour nous tous et nous sommes heureux pour nos chers animaux. Nous avons eu des départs de feu cette nuit vers les plages océanes, qui ont un moment fait craindre pour nos campings. La situation n'est pas fixée mais reste sous le contrôle des pompiers. Nous en sommes à 3 400 hectares brûlés. Un vent de Nord va souffler ce jour. Objectif prioritaire : canaliser la tête de feu.

1 heure du matin. La colonne de fumée au-dessus de la forêt grandit au fil des heures. Charly, le responsable du parapente sur la dune, vient me voir pour m'avertir que l'évacuation du Pyla Camping vient d'être décidée et que logiquement, la police doit venir nous signifier de quitter les lieux nous aussi.

— Pas question ! Moi, je reste !

Je demande aux trois membres de mon équipe qui sont encore avec moi de rejoindre Sébastien et Aurélie au Parc des Expositions de La Teste.

Cette fois, après leur départ, je suis vraiment tout seul dans le camping. Je n'arrive pas à me dire que je dois moi aussi battre en retraite. Je vis ce moment comme une capitulation même si je sais que je ne peux absolument rien faire pour maîtriser le cours des événements. Intérieurement, je sais que si je pars, le camping sera livré à lui-même. Vous avez compris que pour nous, Les Flots bleus, c'est plus que l'endroit où nous travaillons. C'est notre maison. Notre vie. Alors je gagne du temps même si cela peut paraître dérisoire. Je suis là, seul devant le portail. La fumée est de plus en plus présente, au moment où la police arrête sa voiture juste devant moi. Je comprends que cette fois je n'ai plus le choix.

— Allez Franck, il faut partir, le feu est proche. Très proche.

Je me retourne une dernière fois vers les allées du camping et je prends ma voiture en direction d'Arcachon. Je me retrouve avec tout le monde dans le salon de l'hôtel. Je regarde en permanence le flux d'images vidéo du camping sur mon portable. Tout est encore normal quand je me couche dans la chambre d'hôtel.

Lundi 18 juillet, Hôtel-Arcachon

7 h 47. J'ouvre un œil et je vérifie tout de suite quelle est la situation dans le camping en visionnant les caméras de surveillance sur mon téléphone. Je vois de nombreux pompiers qui ont pris position devant le camping. Je me tourne vers Julia :

— Putain c'est pas bon, c'est pas bon, c'est pas bon !

On sait tous les deux que la situation se dégrade même si on espère toujours un miracle.

8 h 30. Je vois clairement un départ de feu juste devant le camping grâce à la caméra fixée juste au-dessus de la réception. Je vois les pompiers qui interviennent tout de suite et éteignent les flammes. Dans l'hôtel, c'est un moment surréaliste pour nous tous d'assister, totalement impuissants, à ce combat dont nous sommes exclus par la force des choses. Dehors, on entend les vacanciers qui vivent leur vie en allant poser leurs serviettes sur la grande plage inondée de soleil. D'autres marchent sur la jetée Thiers en levant la tête pour apercevoir les silhouettes impressionnantes des Canadairs dans le ciel au-dessus du Bassin. C'est bizarre mais on a l'impression d'être dans un monde parallèle où l'inquiétude pesante de l'hôtel semble avoir épargné les vacanciers à l'extérieur.

11 heures. Les autorités nous autorisent à nous rendre au camping pour récupérer la nourriture laissée par les campeurs dans les réfrigérateurs des mobile-homes et des chalets avant d'être évacués. Le but est de nourrir les animaux du zoo d'Arcachon dont l'évacuation a également commencé. Le parc accueille plus de 850 animaux sur 22 hectares entourés de pins, qui peuvent être des proies faciles pour les flammes risquant fort de se rapprocher suivant la direction des vents. J'ai encore en tête les images spectaculaires de cette opération qui mobilise plusieurs centaines de personnes en pleine canicule estivale, sur fond de ballets incessants des véhicules de pompiers. Près de 400 animaux sont transférés au zoo de Pessac, à 65 kilomètres de là, mais aussi dans une vingtaine de parcs animaliers du Grand Sud-Ouest. Mais avant le départ vers des abris sûrs loin des fumées potentiellement toxiques, il faut capturer tous ces animaux qui ressentent logiquement l'extrême stress ambiant. Une dizaine de vétérinaires sont intervenus durant des heures et des heures pour anesthésier les félins et les grands singes. Toute la profession s'est mobilisée à 1 000 %. Une solidarité sans faille. Un ami témoin de la scène m'a raconté par la suite que le plus difficile avait été l'évacuation des manchots. Ils ont eu la vie sauve grâce à un camion climatisé à 18 °C. Un dispositif impressionnant de vétérinaires, soigneurs et bénévoles se met en place dans le zoo pour protéger les

animaux qui sont restés sur les lieux. Près de 500 n'ont pas été évacués, dont les girafes mais aussi des oiseaux et des petits primates. Heureusement, ils ont traversé l'épreuve sans trop de bobos.

Pendant ce temps, nous prenons nos voitures et sur le chemin qui mène au camping, nous comprenons que la situation s'est encore aggravée. Des centaines de pompiers ont pris position et une fumée de plus en plus épaisse flotte partout autour de nous. On vide au maximum les chambres froides du restaurant et on récupère aussi les vivres partout où on le peut en un temps record. On remplit les coffres des véhicules. Pas de temps à perdre. Il est clair que le danger est imminent.

15 h 15. Quand on démarre, on devine le feu devant nous, à quelques centaines de mètres. C'est terrifiant même si on ne s'en rend pas vraiment compte en pleine action. L'adrénaline guide nos pas sans qu'on se pose trop de questions. C'est une fois rentré à l'hôtel que je reprends mon souffle. Je me pose et je regarde à nouveau les images des caméras. Rien n'a brûlé dans le camping. Je me force à croire à un miracle.

15 h 40. Dernière connexion avec les caméras. Toujours pas de flammes. J'apprendrai plus tard que le camping est déjà en proie aux flammes dans la partie située derrière la réception.

16 h 30. Je n'arrive plus à accéder aux images du camping. Je n'ai pas d'informations mais je me doute qu'il se passe quelque chose de terrible. Si le flux des images s'est arrêté net, il y a forcément une raison et je pense hélas la connaître. Sébastien passe un coup de téléphone au sous-préfet pour tenter d'y voir plus clair. Sa réponse ne tarde pas dans le haut-parleur du téléphone :

— Les cinq campings de la dune ont brûlé et il y a au moins 90 % de dégâts pour tout le monde.

Quand il raccroche, on se regarde, anéantis. En à peine deux heures, tout est parti en fumée. On n'arrive pas à y croire.

16 h 45. On réunit tout le monde à l'hôtel dans une grande salle. Sébastien prend la parole dans un silence de cathédrale :

— Voilà, on vient d'avoir la confirmation officielle. Le camping a brûlé et les quatre autres aussi.

Même si tout le monde se préparait à cette échéance funeste, cette annonce plonge la tribu des Flots bleus dans un désarroi total. Il y a des larmes, des sanglots. On se prend tous et toutes dans les bras. C'est un moment d'une tristesse absolue, mais en même temps, il en dit long sur les liens qui nous unissent.

L'information que les cinq campings de la dune du Pilat ont brûlé fait vite la une des médias et des réseaux sociaux. Les journalistes commencent à nous solliciter. Je donne ma première interview dans le journal de 18 heures de RTL. Fabien Onteniente est également invité. Il rend hommage à tous les campings avant de s'exprimer sur Les Flots bleus :

— On priait pour que notre camping ne soit pas touché mais quand j'ai vu que les vents ont tourné hier soir je me doutais qu'une catastrophe pourrait arriver. Je suis vraiment touché par ce drame.

Je réponds avec des sanglots dans la voix aux questions qui me sont posées pendant que mon esprit essaie d'imaginer ce que nous allons trouver quand nous reviendrons sur place.

Pour le moment, l'heure est à la tristesse et un flot de messages de solidarité nous parvient sur nos réseaux sociaux.

Vers 21 heures, Franck Dubosc a publié un message sur son compte Twitter. Pour l'occasion, il poste une photo de lui dans le cultissime maillot de bain qu'il a porté dans tous les épisodes de camping. Il ajoute ce texte : « Aujourd'hui Patrick pleure, à tous mes amis campeurs, girondins et aux pompiers. » Quand la fièvre médiatique se calme au milieu de la soirée, nous nous retrouvons tous ensemble dans l'hôtel.

22 heures.

— Demain on va voir exactement ce qui se passe au camping !

Sébastien vient de lancer cette idée et on la valide immédiatement même si on ne sait pas si on pourra obtenir l'autorisation de circuler.

Mardi 19 juillet, PC opérationnel des pompiers, La Teste

9 h 30. On obtient le feu vert pour organiser un convoi vers le camping, qui est programmé vers 13 heures. En attendant, on fait les cent pas en espérant que les minutes et les heures passent plus vite. Un des responsables des pompiers vient nous voir pour nous parler :

— Vous êtes l'équipe de quel camping ?

Dans mes souvenirs, c'est Sébastien qui lui répond tout de suite :

— Les Flots bleus et on a peur que notre camping ait été totalement détruit mais on n'a pas d'info précise encore.

Le pompier semble étonné :

— Les Flots bleus ? Mais non, pour vous, tout va bien !

— Comment ça tout va bien ? répond Seb.

— Oui regardez. Pour vous, devant, tout va bien, répond le soldat du feu en montrant une photo prise quelques heures auparavant.

C'est d'ailleurs cette photo qu'il nous enverra et qu'on postera sur nos réseaux sociaux afin d'informer tout le monde. On se penche tous pour regarder et effectivement, on a l'impression que rien n'a bougé en façade. La réception est là, tout comme l'épicerie et mon bureau au bord de la route. On n'arrive pas à y croire. Durant de longues heures, une photo a circulé sur les réseaux sociaux, où on voit des restes calcinés de mobile-homes avec cette légende : « Le camping des Flots bleus a brûlé. » Il s'agit en fait d'un montage au goût douteux réalisé par un internaute sans doute avide de faire parler de lui. Mais la photo bien réelle du pompier devant l'entrée vient heureusement nous apporter un peu d'espoir :

— Par contre, préparez-vous parce que derrière, c'est la désolation, ajoute-t-il en grimaçant.

Mardi 19 juillet, Départementale 218,
route de Biscarrosse

13 heures. Notre convoi démarre. Nous sommes accompagnés par les pompiers et escortés par le véhicule du commandant de police qui nous ouvre la

route. Durant tout le trajet, on a le sentiment d'être sur une autre planète. On croise un flot incessant de véhicules de pompiers. Des forestiers trempés de sueur découpent des arbres avec les tronçonneuses. Dans la voiture, pas un mot. Nos regards sont fixés sur le spectacle de désolation qui s'étale devant nous. Il y a encore des flammes sur le côté, des poches de fumée tout le long. La voiture de tête est arrêtée car la route est jonchée de restes de bouteilles de gaz qui ont explosé durant l'incendie. On suit le cortège prudemment et on fait des zigzags pour éviter les obstacles.

On passe un premier camping dévasté. Il ne reste plus rien. Comme si une météorite s'était abattue sur le périmètre. Notre camping est situé juste au-dessus, à moins de 500 mètres. Le convoi s'arrête exactement où s'arrêtent les gens lorsqu'ils viennent prendre des photos de chez nous en souvenir. Le pompier avait raison. Rien n'a pas bougé. La réception est intacte. Le restaurant et l'épicerie aussi. Mon bureau a lui épargné mais le bar qui jouxte le bâtiment le long de la route est détruit. La célèbre enseigne bleu et blanche « Camping des Flots bleus » n'a pas été abîmée. Pas une trace de fumée ou de morsures de flammes non plus sur la silhouette de Franck Dubosc où les vacanciers glissent leur tête pour la photo. La première ligne du camping a été préservée avec ses grands chênes qui offrent leur ombre au terrain de pétanque, lui aussi en parfait état. C'est incroyable !

Dès qu'on passe la réception, c'est le grand choc pour nous tous. C'est une vision apocalyptique. Tout a brûlé. Une pile d'assiettes blanches a fondu sur le sol, formant une œuvre étrange qui semble tout droit sortie de l'esprit d'un artiste contemporain. Il ne reste rien du chalet où je vivais avec Julia et le bébé. La montre de mon grand-père, la flûte traversière de Julia et tous nos souvenirs sont partis en fumée. Mon véhicule utilitaire est calciné. On n'a plus rien. On marche tous les quatre, un peu hagards, dans les allées. Les toits des mobile-homes qui ont fondu forment des mares de plastique sur le sable. Le sol est jonché de débris jusqu'au pied de la dune. Les troncs noircis des pins maritimes fument encore pour certains. Il y a des poches de fumée un peu partout, donc on fait attention, et il y a cette odeur de brûlé pesante et omniprésente.

Lucas, mon fils cadet, est à côté de moi. Il a 20 ans. Je sais à son silence qu'il est totalement bouleversé par ce qu'il découvre. Il passait beaucoup de temps lui aussi dans les deux chalets où nous vivions au cœur du camping. Je vois les restes de ma moto et ceux de celle d'Arthur, mon fils aîné. On n'a pas eu le temps de les sortir du camping à temps. Je n'ai pas réussi non plus à prendre Toulouse, notre chat. Lorsque tout a commencé, je l'ai vu ici et là, mais impossible de le récupérer. Il est habitué à sa liberté. Je me dis qu'il a forcément trouvé une porte de sortie. Les animaux ont un sixième sens et quand le danger est là, ils ont de la ressource. En fait, durant ces longues minutes, je réfléchis à tout ce que j'ai perdu. Mais je suis d'un caractère optimiste et le fait de m'être sorti de deux cancers et d'un triple pontage coronarien me permet de relativiser pas mal de choses !

Au-delà de toutes nos affaires personnelles qui n'existent plus, je me demande quel va être notre futur proche. Je me sens un peu désemparé, mais pas question de craquer. Je dois garder une certaine posture. Les hommes et les femmes de l'équipe des Flots bleus comptent sur moi, alors il faut que je sois à la hauteur. De toute façon, ils me connaissent et ils savent qu'au fond de moi je suis exactement comme eux. Le trajet du retour est tout aussi silencieux que l'aller. On est en deuil d'un avant qui n'est plus.

Mercredi 20 juillet, Hippodrome de La Teste

17 heures. Devant mon poste de télévision, je regarde l'intervention du président de la République. Sa présence nous réconforte et on sait qu'il vient nous apporter son soutien. Je ne perds pas une miette de sa conférence de presse. C'est Sébastien et Aurélie qui nous représentent. On a fait une réunion tous ensemble à l'hôtel pour expliquer ce qui allait se passer. On s'est prononcés pour qu'ils portent tous les deux la marinière aux couleurs des Flots bleus été

2022. Ils passent au moins trois postes de contrôle sur des ronds-points. Il leur faut systématiquement répéter son identité en montrant leurs papiers, sécurité présidentielle oblige.

Quand Emmanuel Macron arrive, on voit une nuée de caméras autour d'Aurélie et Seb mais aussi des autres propriétaires des campings de la dune. On entend des appareils photo qui crépitent dans tous les sens. Ensuite, on ne voit plus ce qui se passe parce qu'il y a trop de monde devant les caméras. Heureusement, ils nous ont tout raconté après coup. Après quelques minutes, juste avant son allocution, le président s'est avancé vers Sébastien et Aurélie :

— Je vous présente Aurélie et Sébastien Cordier, monsieur le président. Ils sont frère et sœur et ce sont les propriétaires du plus célèbre camping de France : Les Flots bleus ! a lancé Patrick Davet.

Emmanuel Macron les a gratifiés d'un grand sourire en leur tendant la main :

— Ah ! Les Flots bleus !

Ensuite il s'est approché de Seb, a posé sa main sur son épaule en disant :

— Votre camping, on va le refaire !

Je ne voudrais pas finir ce récit sans vous livrer une autre note d'espoir. Lorsque nous avons dû évacuer le camping, vous avez bien compris que tout s'est précipité. Julia et moi n'avons pas pensé mettre à l'abri le maximum de nos affaires dans des sacs avant de partir. Nous étions tellement sûrs de revenir dans notre petit monde que nous imaginions indestructible. Mais voilà, le feu est impitoyable. L'incendie nous a tout pris, jusqu'à notre chat Toulouse. Il a quatre ans et son histoire est incroyable. Depuis qu'il vit avec nous, il a pris l'habitude de faire sa vie. Alors bien sûr, il aime être câliné mais il adore aussi se promener dans toutes les allées du camping. Huit mois avant le Grand Incendie, on s'inquiète de ne pas le voir revenir d'un de ses innombrables vagabondages. Plusieurs jours passent et toujours pas le moindre miaulement. Un matin, mon téléphone sonne. Ce sont des clients du camping qui vivent à Lyon :

— On a récupéré votre chat sans savoir que c'était lui. On l'a vu au bord de la route et on a pensé qu'il avait été abandonné alors on l'a emmené à la maison. Mais quand on est allés voir le vétérinaire, il a repéré sa puce électronique et nous a dit qu'il fallait le rendre à ses propriétaires.

Toulouse s'est donc offert un voyage retour au camping. Ni lui ni nous n'imaginions qu'il allait à nouveau disparaître. Durant l'épisode du Grand Incendie, quand tout s'est accéléré, j'ai perdu sa trace et malgré tous mes appels dans le camping, je ne l'ai pas revu. J'ai demandé à tous les membres de l'équipe s'ils avaient croisé le chat, en vain. Les jours qui ont suivi la découverte de notre camping calciné, j'ai essayé de l'appeler en espérant qu'il me réponde. Mais rien. Pendant plusieurs jours, nous l'avons vraiment cru mort. Et puis un jour, nous avons reçu un coup de téléphone d'une association de bénévoles qui vient en aide à nos amis les chats. Ils avaient retrouvé Toulouse, encore une fois grâce à sa puce électronique ! Ses pattes portaient des traces de brûlures mais il avait survécu. Vous imaginez que cette nouvelle nous a fait un bien fou. Le vétérinaire qui s'est occupé de lui nous a expliqué qu'il avait été récupéré à 6 kilomètres de chez nous. En clair, Toulouse avait traversé la forêt tout seul, avec le feu qui devait le talonner. D'après mes informations, ce sont les pompiers qui l'ont d'abord trouvé alors qu'il sortait d'une clairière, complètement affolé. Ensuite, ils l'ont confié à une association et le vétérinaire a mis un point d'honneur à le soigner. Pendant plusieurs jours, il est même devenu la mascotte de la clinique ! Quand nous l'avons récupéré, je crois que je me suis mis moi aussi à ronronner de bonheur ! J'en profite au passage pour remercier tous ces hommes et ces femmes qui sont venus secourir les animaux, que ce soit à Landiras ou à La Teste. Ils ont fait un boulot incroyable et ils ont sauvé des dizaines et des dizaines de chiens, de chats et de chevaux !

Au moment où j'écris ces lignes, je me dis que le retour miraculeux de Toulouse nous a peut-être permis de faire plus facilement le deuil de notre vie d'avant. Plus de photos des enfants, plus de jouets de Pavel, plus de doudous de remplacement, plus de souvenirs de voyage, plus de vêtements, plus de petits objets que l'on entasse dans un pot et qui ne semblent servir à rien mais que l'on cherche quand ils ont disparu pour toujours.

9

On se retrousse les manches

Vous l'imaginez sans peine, nul d'entre nous n'a vraiment vu passer l'été. On a tous essayé de se reposer un peu durant le mois d'août. Certains sont rentrés se ressourcer en famille ou entre amis et d'autres ont pris un nouveau départ professionnel, surtout les saisonniers qui ont vu leur été de travail ou de formation interrompu. Mais quoi qu'on fasse et où qu'on soit, dans un coin de notre tête, on avait du mal à chasser l'image du camping dévasté avec ses carcasses de mobile-homes écrasées et enchevêtrées au milieu des pins calcinés.

Durant le mois de septembre, je pars avec Julia et Pavel en Normandie où nous sommes invités à un mariage. L'occasion de faire la fête et de se vider la tête. Mais forcément, beaucoup de participants me connaissent et les autres ont entendu parler de ce qui s'est passé. Alors je raconte encore et encore ce mois de juillet autour d'un verre de vin en me disant que décidément, l'incendie a touché tout le monde, même au-delà du bassin d'Arcachon.

C'est vrai que juste après le désastre, lorsque je me suis promené dans les allées des marchés du Bassin, je ne compte plus les fois où on m'a posé des questions. Chaque fois, j'ai répondu avec plaisir parce que je devinais tout de suite la solidarité et la bienveillance. Bien sûr, il y avait aussi un peu de curiosité mais c'est normal. Je ne compte plus le nombre de fois où je suis passé à la télévision et forcément, dans le coin, quand je croise du monde, je devine dans les regards : « Tient, sa tête me dit quelque chose… Ah oui, Les Flots bleus ! »

Après cette (trop) courte parenthèse, nous retrouvons le bassin d'Arcachon. Sébastien a passé de longues heures au téléphone avec les différentes assurances. Il ne faut rien oublier parce que nous avons enclenché une course contre la montre. Nous avons tous en tête la solide intention d'ouvrir en avril 2023 et donc pas question de perdre du temps en route. Mais vu l'étendue des dégâts et leur coût financier, il est normal que les tractations prennent du temps.

Mercredi 26 octobre. Grand moment symbolique. Les travaux de nettoyage commencent. Après plusieurs semaines de démarches administratives, c'est une nouvelle étape dans la renaissance des Flots bleus. Le soleil est là pour accueillir les premiers engins de chantier. Je ressens une émotion particulière en voyant arriver les entreprises. Nous avons fait appel à une société locale installée à La Teste. Antony et son père sont donc les premiers à se rendre compte du travail colossal qui les attend. Ils sont tous les deux émus de ce qu'ils voient autour d'eux. Ils avaient eu une idée du désastre dans les reportages télévisés mais en réel, c'est encore plus impressionnant. Je ne peux même pas leur faire un café avant qu'ils fassent démarrer leurs engins. Nous n'avons pas d'électricité sur le site.

Avant de commencer à actionner sa pelle mécanique, Antony marche avec moi dans le camping. J'ai l'impression qu'il est sidéré par ce qu'il voit.

— C'est un massacre, Franck. Je savais que c'était un truc de fou mais là, on se rend vraiment compte. Je ne reconnais plus rien.

Il monte ensuite dans son engin et commence à travailler dans des bruits de tôle froissée. Plusieurs journalistes assistent aux premières manœuvres avec leurs caméras et leurs micros. Ils diffusent leurs reportages le soir même et dans le même temps, nous recevons de nombreux messages d'encouragement sur les réseaux sociaux. Quand les bonnes énergies se manifestent, il faut savoir les saisir pour avancer encore plus vite. C'est donc avec beaucoup d'enthousiasme et de détermination, et grâce à de nombreux prestataires et fournisseurs locaux, que nous abordons la période de nettoyage. Il est important pour nous de travailler avec des équipes locales : c'est ensemble que nous avons vécu un traumatisme, et c'est donc ensemble et solidaires que nous nous relèverons.

Le jeudi 3 novembre, nous recevons la visite de Christophe Béchu, le ministre de la Transition écologique et de la transition des Territoires, accompagné d'une délégation d'élus locaux. Il vient à la rencontre de tous les propriétaires des campings détruits par l'incendie. Il confirme les propos du président Emmanuel Macron, tenus au mois de juillet, sur la volonté de l'État de ne pas nous imposer de nouvelles contraintes pour que nous puissions ouvrir à nouveau nos campings. J'ai soigneusement noté chaque mot prononcé ce jour-là par le ministre. « Ce qui est certain, c'est qu'il avait des réflexions assez abouties sur le fait qu'il y avait trop de mobile-homes par rapport à ce qui était souhaitable en matière de visibilité et de ce point de vue, dans les formats qui vont être devant nous, il y en aura moins. Cela a fait l'objet de discussions très apaisées avec les exploitants. Ils avaient de toute façon déjà anticipé, ou étaient sur le point de le faire avant l'incendie, une diminution de leurs parcs, conformément aux textes existants. Donc pas de nouvelles contraintes. Nous sommes déjà dans un lieu qui en cumule un certain nombre pour respecter les règles des sites classés. Mais il faut tenir compte du fait que ces sites étaient existants, ils avaient une activité. C'est uniquement à cause de l'incendie que cette activité a été interrompue d'une manière spectaculaire et brutale. Aujourd'hui, le sujet, c'est de leur permettre de retrouver leurs personnels et leurs clientèles. Il faut faire vivre à nouveau ce site en retenant les leçons de ce que l'on a vécu et en se préparant à des risques et à des climats qui n'étaient pas ce qu'on avait il y a encore dix ou quinze ans. »

Après cette visite ministérielle qui se termine sous une pluie battante, l'activité dans le camping reprend de plus belle. Durant les jours et les semaines qui suivent, les professionnels qui se relaient sur le site ont un sacré boulot. Je ne compte plus le nombre d'allers-retours des camions-bennes qui ont enlevé plus de 4 tonnes de métaux divers.

Autre moment spectaculaire et saisissant quand on n'a pas forcément l'habitude, comme moi, d'assister à des travaux de cette envergure : l'entrée en jeu de la cribleuse. Sa mission est de purifier le plus possible le sable. C'est un peu le principe d'un tambour de machine à laver. Le sable tourne à grande vitesse et les grains qui retombent sur le sol sont propres. Au fil des jours, j'assiste à une vraie métamorphose du camping. Peu à peu, tout ce qui pouvait faire penser à l'incendie de l'été s'estompe. Plus de carcasses, plus de vaisselle fondue, plus de verre brisé en milliards de morceaux, plus de mares de plastique blanc durci, uniques vestiges des mobile-homes calcinés… Seuls six d'entre eux ont échappé aux flammes sur les quatre-vingts que nous avions installés sur le camping. On se demande d'ailleurs encore comment l'incendie ne les a pas dévorés tout crus. Malgré des températures hallucinantes quand l'incendie s'est propagé sur Les Flots bleus, certains n'en portent quasiment aucune trace. C'est vraiment incroyable. En tous les cas, pour le moral, voir le camping débarrassé de ces déchets et retrouver son visage en pleine nature, c'est un booster qui donne encore plus envie de ne rien lâcher pour la suite. On a décidé de ne rien garder qui puisse nous rappeler la catastrophe. Je ne suis pas du genre à militer pour une sorte de mémorial. Je pense que les vacanciers qui vont venir nous voir veulent avant tout profiter de moments légers et insouciants. Je sais que bon nombre d'entre eux seront au courant de ce qui s'est passé chez nous mais on est tous d'accord pour ne pas garder, comme certains de nos confrères des campings aux alentours, des objets portant les stigmates du feu ou des troncs brûlés en guise de totem. Je comprends que l'on puisse le faire mais nous ne sommes pas du tout partis sur cette idée.

Le 1er décembre 2022, la grande famille des Flots bleus est triste. Nous apprenons la mort de Mylène Demongeot. Cette magnifique comédienne nous quitte à 87 ans après une carrière incroyable au cinéma. Elle interprétait Laurette Pic, l'épouse du génial Jacky, depuis le début de la saga *Camping*. C'est l'inoubliable Claude Brasseur qui jouait ce rôle à merveille avec sa cultissime casquette Ferrari vissée sur la tête devant la caravane familiale. Il est mort en décembre 2020. Je garde en tête la gentillesse de ces deux monstres sacrés lorsqu'ils ont posé leurs valises, à chacun de leurs séjours chez nous. J'avoue que me retrouver en face d'eux était assez intimidant. J'avais encore en tête les moments où, adolescent, je regardais *Vidocq* ou Mylène Demongeot qui jouait aux côtés de Jean Marais dans *Fantômas*. Ce duo a largement participé au succès du film avec ses répliques aux petits oignons, comme quand Jacky lance à ses amis :

— J'ai réussi mon examen SNCF. Je suis arrivé en retard. L'examinateur m'a dit que j'avais l'esprit maison !

Ou à son épouse, quand il s'aperçoit qu'un couple de Hollandais a installé sa caravane devant son emplacement :

— Tu peux remballer tes tongs maman, on rentre à Melun !

Moi, j'aimais plus que tout sa façon de répondre à Gérard Lanvin quand il demande exactement où il se trouve lorsque sa voiture tombe en panne. Mylène s'avance vers lui et, de sa voix claire, lui lance :

— Vous n'avez qu'à dire Camping des Flots bleus !

J'ai été aussi très ému par la photo de Franck Dubosc, postée le jour de la mort de Mylène Demongeot sur son compte Instagram. On voit Franck qui tient Mylène avec une main sur son épaule. Ils sourient tous les deux à l'objectif. Franck a simplement écrit cette légende : « Au revoir Mylène, on en aura pris, des apéros… » Je ne sais pas si Fabien et Franck voudront tenter l'aventure d'un nouveau volet de *Camping* dans le futur mais je suis sûr que s'ils le font, ils trouveront un petit moment au « couple Pic ». Ici, on ne les oubliera jamais.

Moi je garde en tête les scènes de Fantômas, un film de mon enfance, dans lesquelles elle jouait aux côtés de Louis de Funès et de Jean Marais. J'aimais sa voix et son regard pétillant plein de vie et d'enthousiasme.

Le mois de décembre est consacré aux arbres qui ont brûlé dans le camping et que nous devons abattre. Certains sont abîmés mais on les a conservés avec l'espoir que le temps répare leurs cicatrices. Là encore, nous avons fait appel à une entreprise locale qui s'est déplacée sur le site du camping avec une véritable scierie portable. Une fois que les arbres tombent sur le sable, ils sont divisés en deux tas distincts. D'un côté, les arbres à broyer et de l'autre, ceux qui pourront être utilisés. Ainsi, nous avons pu fabriquer plus de 600 planches qui serviront à faire des palissades, des madriers et des bardages. Mais cette étape nécessaire de l'arrachage des arbres est une des plus douloureuses pour nous. Au total, nous avons dû en abattre 180, essentiellement des grands pins.

Au fil des jours de ce début d'hiver, le paysage se métamorphose. D'une zone de guerre avec ses carcasses calcinées et ses grandes taches noires, il devient un paysage lunaire. Désertique. Vide.

17 décembre 2022. La préfecture de Gironde autorise à nouveau la circulation sur la RD 218, après cinq mois de fermeture. On savait bien sûr que la décision avait été prise mais on n'imaginait pas que le nombre de voitures serait aussi important. Je ne vais pas exagérer en parlant d'un trafic routier démesuré mais sincèrement, on aurait pu se croire à certains moments un week-end de printemps. Les voitures qui ont l'interdiction de se garer devant le camping roulent au pas pour que les passagers puissent prendre des photos et tourner des courtes vidéos de l'entrée. On entend des « Bon courage ! », « Tenez bon ! » par les vitres ouvertes. On nous fait des petits signes de la main. Ça fait chaud au cœur. Certains automobilistes n'hésitent pas à braver l'interdiction pour s'approcher le plus possible du chantier. On leur demande gentiment de ne pas aller plus loin car leur sécurité n'est pas garantie. Ils le comprennent et repartent vers Biscarrosse, dans les Landes.

Ils ne sont pas les seuls à être curieux. Je veux moi aussi me rendre compte de mes propres yeux des dégâts causés par le Grand Incendie. Je monte sur ma moto et je pars découvrir les alentours. Ce que je vois est glaçant. De l'épaisse forêt qui séparait la route de l'océan sur plusieurs centaines de mètres de largeur, il ne reste quasiment plus rien. Plus de 1 000 hectares d'arbres sont partis en fumée. Ici aussi, c'est un panorama désertique. J'ai dû faire cette route des centaines de fois mais j'ai l'impression étrange d'arriver dans un lieu inconnu. Je me hasarde sur les plages du Petit-Nice, de la Lagune et de la Salie. Partout la même désolation. Partout les mêmes travaux de terrassement impressionnants. Je fais demi-tour pour rentrer. Seule la dune au loin, fière et plus majestueuse que jamais, est restée la même. Quand je remonte vers Les Flots bleus, c'est elle que je regarde derrière la visière de mon casque en me disant comme pour me rassurer qu'elle continue malgré tout de veiller sur nous.

Les fêtes de Noël approchent à grands pas. Le camping est débarrassé de tous les déchets à l'échéance que nous avions programmée. Nous sommes prêts pour la suite.

1er janvier 2023. Grosses vestes et bonnets sur la tête. Nous sommes quatorze membres de l'équipe à participer à une cueillette de pignes de pin. L'incendie n'a pas tout détruit, heureusement. Les graines de ces pignes représentent le véritable ADN arboricole de notre camping. Une fois récupérées et préparées, elles vont être indispensables à la replantation des pins dans le camping. En fait, pour chaque pigne de qualité ramassée, on peut espérer que vingt à quatre-vingts graines soient replantées. Chacun a sa stratégie : il y a ceux qui récupèrent les pignes intactes sur les branches couchées au sol ; il y a ceux qui se baladent et ramassent les pignes qu'ils trouvent sur leur chemin. Mais c'est aussi, pour certains, la première fois qu'ils reviennent au camping depuis que les travaux de nettoyage ont commencé. Aucune certitude que ces graines pignes donnent ensuite un arbre car au final, c'est toujours la nature qui commande mais symboliquement, se retrouver tous ensemble ce jour-là pour commencer l'année nous a fait un bien fou.

Ce mois de janvier lance aussi les travaux de voirie et d'électricité. Là encore, il faut tout refaire, et le chantier est gigantesque. Les flocons de neige accompagnent les premiers coups de pioche. Un blanc éphémère recouvre le sable. Avec chaque saison, le camping prend un nouveau visage mais au-delà des couleurs hivernales, il commence à ressembler à un gruyère géant tellement le nombre de trous nécessaires à l'enfouissement du réseau électrique est important. Je n'aurais jamais cru écrire un jour cette phrase mais j'accueille avec un grand sourire les longues gaines orange et tout le matériel d'assainissement déposés par les camions qui serpentent les allées.

4 janvier 2023. Le doux bruit de la machine à café résonne à nouveau dans notre grand bureau à l'entrée du camping. Et les ordinateurs fonctionnent à nouveau eux aussi. Il y a comme un air de normal qui s'installe : nous avons nous aussi fait notre rentrée et on prépare la saison 2023.

18 janvier 2023. Nous lançons la réouverture de notre centrale de réservations sur Internet avec un site qui a profité de cette parenthèse forcée pour faire peau neuve. Et en quelques minutes nous enregistrons une vingtaine de demandes. C'est génial. Même s'il est difficile de prévoir un chiffre précis de notre fréquentation alors que tout est encore à construire, on se dit avec bonheur que personne ne nous a oubliés.

Mais en ce début d'année 2023, ce qui est important pour nous, c'est essayer de nous projeter sur le futur décor du camping. Autant le dire tout de suite, ici il sera minimaliste. Si nous avions le pouvoir comme Obélix de replanter des arbres qui poussent instantanément grâce à des graines magiques préparées par le druide Panoramix, tout serait beaucoup plus simple ! Mais la forêt de la dune n'est pas le Domaine des dieux, même si l'aventure qui s'engage est tout aussi passionnante. Espérons que, comme pour les Gaulois irréductibles, elle se termine par un grand banquet !

En fait, nous devons composer avec le vide laissé par tous les arbres que nous avons dû couper. C'est à cet instant précis qu'entre en jeu un homme dont la mission est justement de réfléchir au futur environnement des Flots bleus. Il s'appelle Jean-Christophe Nani. Je crois que son arrivée parmi nous ne doit rien au hasard. Je veux prendre le temps de raconter son histoire. Jean-Christophe est un paysagiste de premier plan en France mais il est aussi attaché depuis longtemps à la dune et à sa forêt. Sa famille a acheté une cabane au milieu des pins à quelques pas de la montagne de sable en 1954, au lieu-dit Les Gaillouneys. Cette cabane en bois a été construite pendant la Seconde Guerre mondiale par les Allemands qui occupaient la région. Elle était destinée aux soldats qui étaient en poste dans les blockhaus en béton servant de poste d'observation en différents points de la dune du Pilat. Dès la fin de la guerre, cette habitation rustique sans eau et sans électricité a accueilli d'autres soldats. Cette fois, il s'agissait de GI américains qui stationnaient à proximité. Il faut dire que la propriétaire a décidé que cette maison au confort plus que rudimentaire se transforme en hôtel de charme. Le terme « maison de passes » peut également être employé… Mais les soldats américains sont repartis de l'autre côté de l'océan et la cabane s'est vidée de tous ses occupants. C'est donc en 1954 que les grands-parents de Jean-Christophe qui sont tombés amoureux de l'endroit lors d'une balade, demandent à son propriétaire s'ils peuvent l'occuper durant les mois d'été avec leur grande famille. Le propriétaire accepte en leur demandant d'entretenir la cabane et de la faire vivre, tout simplement.

C'est là que commence la longue vie de ce lieu unique, véritable terrain d'aventures à nul autre pareil où Jean-Christophe a si souvent joué le rôle d'explorateur et de Robinson durant son enfance. Se laver à l'eau de mer, se chauffer au feu de bois, s'éclairer à la bougie… et surtout écouter les douces notes d'un piano. Pour sa grand-mère qui en jouait merveilleusement, ce piano était le seul objet indispensable à la vie, bien plus que toutes les installations ménagères réunies. Les générations se sont succédé avec le même bonheur, même sans électricité. Une vie rêvée, émaillée de quelques incidents sans importance comme ce feu causé par des enfants de la tribu. Une partie de la forêt a brûlé sans conséquences dramatiques. Mais leur punition a été de replanter les 300 arbres qui avaient été détruits autour de la cabane. Puis la vie a repris chaque été ris sous le chant des cigales. Le seul danger visible se résumait à une évidence : l'avancée inexorable de la dune vers la cabane. Et puis il y a eu ce mois de juillet 2022. Jean-Christophe était avec les siens. Une quinzaine de membres de la tribu. Comme d'habitude, l'été avait formidablement commencé. Les repas pris en commun autour de la grande table sous les étoiles. Les cris des enfants, les siestes à l'ombre des pins. Les regards qui se promènent sur les photos des ancêtres accrochées aux murs en allant chercher un verre d'eau dans la cuisine. Le 12 juillet, Jean-Christophe a vu la fumée au loin. Avec sa famille, il a régulièrement escaladé la dune pour se rendre compte de l'avancée des flammes depuis en haut. Eux non plus n'imaginaient pas une seconde ce qui allait arriver.

Le 15 juillet, lorsque la tribu ouvre les yeux, la cabane est recouverte d'une pluie de cendres. Il est 7 heures du matin. Cette fois-ci, tout le monde comprend que le danger est imminent. Les flammes ne sont pas là mais pas question de respirer ces cendres et les fumées qui s'épaississent au fil des minutes. Il faut partir. Vite. Chacun prend le minimum et les voitures démarrent en trombe. Le petit convoi se retrouve sur la départementale déserte. Elle est fermée depuis le 13 juillet. Quand les gendarmes voient arriver les véhicules ils ne peuvent cacher leur surprise. Après que tout le monde a été mis à l'abri chez des amis, Jean-Christophe et son frère tentent désespérément d'avoir des nouvelles de leur cabane. Ils essaient de se glisser sans succès dans le convoi des clients des campings autorisés à récupérer leurs affaires. Ensuite, ils ne peuvent que constater, impuissants, les ravages des flammes. Le 18 juillet, ils ont la confirmation par les pompiers que leur cabane a été détruite.

Jean-Christophe veut pourtant croire jusqu'au bout qu'ils se sont trompés. Après tout, on nous avait dit à nous aussi que tout notre camping avait brûlé, or il restait des zones intactes. Alors pourquoi pas aux Gaillouneys ?

Trois semaines plus tard, Jean-Christophe parvient à emprunter à nouveau le petit chemin de sable qui mène à sa cabane. Quand il arrive, c'est la désolation. Comme si tout avait été pulvérisé. Il ne reste rien. On devine juste la trace de sommiers sur le sol calciné. Il marche, incrédule, dans les cendres. Les mêmes pas qu'il fait depuis cinquante ans. Mais cette fois il ne reconnaît rien. C'est la fin d'une histoire. D'une belle histoire. Pour avoir perdu ma maison, je comprends exactement ce qu'il a ressenti à ce moment précis. Moi, en fermant les yeux, je pouvais presque entendre le clic clac de la vieille montre de mon grand-père, lui, c'était peut-être les notes du vieux piano de sa grand-mère.

Lorsque, au mois de septembre, Cédric, le patron du camping Panorama qui est un de ses amis d'enfance, lui a demandé s'il voulait s'associer au projet de renaissance de nos campings, il n'a pas hésité une seconde. Quand on connaît le lien qui l'unit à la dune, on comprend que sa place est parmi nous. Mais au-delà de tout ce vécu commun, il y a aussi et surtout un homme passionné par son métier. Quand on est paysagiste, existe-t-il une plus belle mission qu'imaginer un paysage du futur ? Il part d'une feuille blanche et il doit tout imaginer. Les arbres que nous allons planter seront adultes dans quarante ou cinquante ans. Nous évoquons ensemble les différentes essences que nous devons privilégier, sachant que lorsqu'elles seront matures, le climat aura changé dans la région. Bien sûr, nous ne sommes pas devins mais nous devons étudier toutes les options qui s'offrent à nous.

En fait, dans ce domaine, il en existe deux. Soit on laisse faire la nature qui s'adapte aux situations depuis la nuit des temps, soit on essaie de la diriger pour concevoir un ensemble harmonieux. Finalement, nous avons choisi de ne pas choisir et de mettre en pratique ces deux courants de pensée. Une sorte de mix d'essences d'arbres sans aucune certitude mais avec la volonté farouche de soigner les blessures de cette terre et de gommer ses cicatrices. Les feuillages argentés des eucalyptus pourront ainsi côtoyer le vert des pins maritimes qui colorent les pieds de la dune depuis des siècles. Des arbres tout droit venus de la Méditerranée planteront leurs racines sur notre terre atlantique. Il y aura des peupliers noirs, des bouleaux et bien d'autres, mais tout cela prendra du temps. Beaucoup de temps. Mais pour se donner du courage et le sourire, on peut méditer ce proverbe africain qui me paraît conçu pour notre réalité : « Quand un arbre tombe on l'entend, quand la forêt pousse pas un bruit… alors chut. »

10

Action !

Heureusement, ni Julia ni moi ne cultivons la nostalgie. La vie aux Flots bleus va reprendre. Différemment, c'est sûr, mais elle va reprendre. Quand cet ouvrage sera entre vos mains, les travaux seront presque terminés et le camping aura un nouvel aspect. Je sais qu'il nous reste encore beaucoup de boulot mais l'essentiel est là. Nous repartons pour une nouvelle aventure.

Depuis la catastrophe, j'ai eu l'impression de me lancer dans un véritable marathon. Nous avons toutes et tous bossé comme des fous pour que tout soit le mieux possible. On ne retrouvera bien sûr pas de sitôt le visage traditionnel des Flots Bleus car ses lignes, contrairement à la mienne, ont bien changé. Oui, les flammes destructrices de l'été n'ont pas brûlé mon goût pour le second degré. En préparant ce livre, j'ai essayé d'imaginer quelle serait la scène de fin idéale si je devais tourner *Camping 4*. Je vous livre donc les fruits de ma réflexion.

Les personnages : Julia, Pavel et Franck.

Le décor : une grande table en bois juste au-dessus du terrain de pétanque, à l'ombre des grands chênes.

Au-dessus, sur la petite butte, une habitation de toile et de bois reconstruite sur les décombres de la précédente, juste derrière la réception.

Julia : J'ai envie d'ajouter une assiette de falafels avec une petite sauce épicée à la carte du restaurant, t'en penses quoi ?

Franck : Oui, carrément, et tu veux pas aussi ajouter des beignets d'aubergines et de fleurs de courgettes ?

Julia : Yes, avec une petite sauce blanche au cumin, ça peut bien le faire.

Pendant que les parents discutent, Pavel joue avec Toulouse le chat. Franck laisse Julia écrire les recettes sur son ordinateur et s'avance vers son fils.

Franck : Pavel, il faut que je te raconte un truc. C'est une histoire. Tu veux bien ?

Pavel (prend son chat sur ses genoux) et fait oui de la tête avec un grand sourire.

Franck : Alors voilà, c'est l'histoire de Chonchon. Écoute bien parce que c'est une histoire vraie. Chonchon, c'est un petit marcassin qui débarque un beau jour devant notre chalet. Il doit avoir quelques semaines quand il arrive aux Flots Bleus. C'est vraiment un bébé sanglier. Il a super faim, alors il a dévoré toutes les croquettes du chat. Directement dans son assiette. Toulouse le regarde sans trop bien comprendre à qui il a à faire. Normal, c'est un chat.

Pavel (inquiet) : Les chats n'aiment pas les bébés sangliers ?

Franck : Si, enfin je ne sais pas parce que les chats et les sangliers n'ont pas vraiment l'occasion de se croiser dans la vie tu vois.

Pavel : Et Toulouse lui a sauté dessus, alors ?

Franck : Pas du tout ! Et c'est là que l'histoire devient marrante. Le chat a rejoint le bébé sanglier. J'ai rajouté des croquettes et ils ont mangé tous les deux en même temps.

Pavel : Il venait d'où, Chonchon ?

Franck : Bah de la forêt. Il est venu presque tous les jours nous voir à partir de ce jour là, sauf quand il y avait trop de monde.

Pavel : Il se cachait, alors ?

Franck : Oui, mais on a jamais su où était sa cachette. On a essayé de le suivre mais il nous a toujours semés. Impossible de savoir où il dormait.

Pavel : Avec sa famille, tu crois ?

Franck : Oui, je crois. Sûrement quelque part au pied d'un arbre. Bien caché.

Pavel : Mais alors, avec le feu ?

Franck : Alors là, il a complètement disparu. Tu sais les animaux se sont tous enfuis quand l'incendie s'est approché d'eux.

Pavel : Mais si il a disparu, c'est qu'il était mort Chonchon ?

Franck : En fait… pendant des semaines et des semaines on a cru qu'il n'avait peut-être pas réussi à courir plus vite que les flammes.

Pavel : Et c'était pas vrai ?

Franck : En fait, au début de l'hiver, alors que je commençais à travailler sur le livre, j'ai un ami qui m'a téléphoné. Tu sais ce qu'il m'a dit ?

Pavel (silencieux écarquille les yeux en attendant la suite) :

Franck : En se baladant en voiture il est sûr d'avoir vu chonchon qui courait près du camping.

Pavel : Alors, il est en vie ?

Franck : Oui, il est en vie ! Il a couru plus vite que les flammes.

Pavel : Alors il va revenir voir Toulouse, tu crois bientôt ?

Franck : J'espère mon ange, j'espère…

À suivre…

Annexes

Plusieurs acteurs de cet épisode historique ont accepté de raconter comment ils ont traversé ce moment unique. Je tiens à les remercier de tout mon cœur. Leurs mots sont la suite de mon récit et ils vous permettront, j'en suis sûr, de vous plonger d'une autre façon dans cet été 2022 dont on se souviendra longtemps.

Aurélie Cordier, propriétaire du camping

Quand Sébastien, mon frère, m'a demandé de le rejoindre dans la holding familiale après le décès de Papa, je n'ai pas hésité. Je vivais depuis toujours à Boston, aux États-Unis, où je travaillais dans le milieu de la santé. Avec Lyle, mon mari, j'ai trouvé l'idée d'une nouvelle aventure et de veiller à la destinée du camping des Flots bleus géniale. Ce camping, je le connaissais depuis longtemps. Depuis que papa l'avait acheté, il ne se passait pas un été sans que nous venions y passer de longs moments ensemble. Je connaissais tout le monde même si, je l'avoue, je n'avais jamais dormi sous une tente ou dans une caravane. La toute première fois que je suis venue aux Flots bleus, ce qui m'a le plus impressionnée, c'était sa proximité avec cette dune gigantesque.

Je suis tombée immédiatement sous le charme de ce lieu sauvage et sympa à la fois. En 2017, quand papa est décédé, je savais qu'il fallait que je continue ce qu'il avait entrepris même s'il me fallait pour cela retrouver mon français après presque trente ans à parler uniquement anglais. L'accent du Massachusetts se marie mal avec les intonations gasconnes et, je l'avoue, mon *franglish* peut encore surprendre mes interlocuteurs. Pour moi aussi, le souvenir de ce mois de juillet 2022 est figé dans ma mémoire à jamais. Quand je me replonge dans les six jours où tout a basculé, je revois parfaitement les images et leur chronologie. La première fumée noire et épaisse qui s'élève de la forêt devant nous au moment où Franck prend dans ses bras son fils Pavel devant la réception. Je revois tous ces campeurs qui se massent devant la route pour observer ce qui se passe au loin. Ensuite tout s'accélère. Il y a ce coup de téléphone de Franck en pleine nuit :

— On évacue le camping !

Au petit matin, notre arrivée dans le hall du parc des expositions de La Teste. Ces milliers de gens emmitouflés dans des couvertures de survie couleur or. Cela peut vous paraître bizarre mais j'ai l'impression, l'espace de quelques secondes, de me retrouver à l'arrivée d'un marathon auquel j'ai participé par le passé. Les mêmes couvertures, les mêmes bouteilles d'eau innombrables dispersées sur le sol. Des hommes, des femmes et des enfants en short et en tee-shirt. Mais l'énorme nuage noir qui ressemble à un terrifiant champignon atomique me rappelle très vite à la réalité. En repensant à ces moments, je peux aussi ressentir le calme étonnant qui régnait dans ce lieu et en même temps que le tourbillon dans lequel j'étais prise. Pas question de relâcher nos efforts pour répondre à tous ces gens qui avaient besoin de nous. Et puis, comme Franck et mon frère, j'étais sûre que ce cauchemar n'allait pas durer et que dans quelques jours tout rentrerait dans l'ordre.

Mais je dois avouer que tout a changé quand mon mari m'a montré les images que diffusait en direct le site de la Nasa. On voyait clairement le territoire de la dune et juste devant, une immense mer écarlate. C'est à cet instant précis que je me suis dit que tout était fini. L'annonce officielle par les autorités de la destruction des cinq campings n'a fait que confirmer ce que nous redoutions.

Enfin, impossible de ne pas parler du jour où nous sommes revenus au camping. Déjà sur le chemin, en voiture, je n'arrivais pas à me sortir de la tête que la dernière fois que j'avais roulé sur cette route, c'était pour croiser des gens qui rentraient de la plage en sandales et en tongs. Je ne reconnaissais plus rien. Tout n'était que cendre. La forêt qui la veille était si dense de fougères ? Disparue, on voyait au travers. Le paysage avait changé, on ne reconnaissait plus rien. Quand nous sommes arrivés devant le camping, une fois passé le moment de grand soulagement de voir des bâtiments encore debout et intacts, je revois Franck partir sur la gauche avec son fils Lucas pendant que je marche vers la droite avec mon frère.

Je passe devant le chalet de Franck. Il n'y a plus rien. Je me retrouve seule à marcher au milieu de ce décor d'Apocalypse. Au pied de la dune, je remarque un frigo posé sur une palette en bois à côté d'une tente entrouverte. Rien n'a brûlé dans ce petit périmètre mais tout autour, il ne reste rien. Je continue de marcher et je vois, au milieu d'une mare de débris fondus, six boules de pétanque tellement calcinées qu'elles sont collées les unes aux autres. Enfin, à ma grande surprise, je vois que la caravane jaune et bleue utilisée dans le film a elle aussi été épargnée par les flammes. Pourtant, là encore, tout est brûlé autour. Les pompiers m'ont expliqué que le feu s'était répandu dans le camping dans des couloirs de flammes. Mais contre toute explication rationnelle et scientifique, je suis sûre qu'une bonne étoile nous a protégés. Pourquoi les autres campings dont les réceptions et l'accueil sont placés exactement comme les nôtres ont-ils été hélas totalement détruits et pas le nôtre ?

Je sais que je n'aurai jamais de réponse mais en attendant de comprendre peut-être un jour ce phénomène, je veux conclure en remerciant encore et encore les pompiers. Je revois ce pompier qui avait presque les larmes aux yeux devant les autres propriétaires, juste après le Grand Incendie. Il s'excusait de ne pas avoir réussi à sauver les campings. J'avais devant moi un homme qui avait risqué sa vie pour nous et qui s'excusait presque d'avoir failli à sa mission. Grâce à lui et à toutes ces personnes qui se sont dépensées sans compter durant cette semaine de feu, je me suis souvenue pourquoi j'aimais tellement mon pays. Dans les coups durs, il répond toujours présent.

Sébastien Cordier, propriétaire du camping

Je suis tombé amoureux des Flots bleus dès la seconde où j'ai découvert le site, quand papa l'a acheté. Je connaissais la dune du Pilat parce que nous venions en vacances dans le coin lorsque j'étais plus jeune mais jamais je n'aurais imaginé qu'un jour, je serais aux commandes de cette institution avec ma sœur Aurélie et, bien sûr, avec Franck à la manœuvre. Je me souviens de 2010, quand un incendie s'est déclaré dans la forêt. Cette année-là, il avait été circonscrit assez rapidement. Lors de cet épisode, un des pompiers qui était intervenu sur place m'avait dit :

— Si vous voyez au loin une fumée bien noire, c'est que les arbres sont en train de brûler, si au contraire elle est blanche, c'est que le feu est en passe d'être éteint.

Cette phrase a résonné dans ma tête quand j'ai levé les yeux vers le ciel ce funeste 12 juillet 2022. La fumée était noire. Tellement noire. Le nuage me paraissait gigantesque, presque irréel dans le ciel bleu azur. Objectivement, au tout début, je pensais que ce qui se passait était grave. Les forces de pompiers engagées ne laissaient planer aucun doute là-dessus. Par contre, comme Franck, je n'imaginais pas une seconde l'ampleur que prendrait ce désastre écologique. Le premier jour, quand j'ai quitté le bassin d'Arcachon pour aller récupérer des affaires chez moi à Bordeaux, je me souviens de la frayeur que j'ai éprouvée quand j'ai vu, en roulant dans le sens opposé à La Teste, qu'une autre colonne de fumée impressionnante s'élevait également dans le ciel. C'était le feu de Landiras. J'ai appelé Franck depuis ma voiture pour lui raconter ce qui se passait. Deux gigantesques incendies à quelques dizaines de kilomètres de distance. Un cauchemar en plein jour.

Finalement quand Franck m'a téléphoné à 2 heures du matin pour m'informer que le camping était évacué, je n'ai pas été surpris. Je suis arrivé tôt au parc des expositions de La Teste qui accueillait les 6 000 campeurs venant des cinq campings de la dune. La protection civile avait installé des centaines de lits de camp dans le grand hall avec des grands buffets pour se restaurer. J'ai retrouvé toute l'équipe du camping qui avait installé un comptoir pour venir en aide à nos clients. L'organisation était en place pour que personne ne soit laissé pour compte. Je me souviens que je suis sorti fumer une cigarette. Le jour était levé. Devant moi, des gens dormaient sous les arbres, emmitouflés dans leurs duvets, d'autres, dans leurs voitures ou camping-cars. Une nouvelle fois, j'ai levé la tête et le nuage de fumée était là. Terrifiant. Comme posé au-dessus de la forêt. Personne n'est préparé à vivre un tel moment mais malgré la peur et l'angoisse, j'ai remarqué que tout le monde se souriait. On ressentait une vraie solidarité dans cette foule venue de toute l'Europe pour passer des vacances au bord de la mer et qui se retrouvait déboussolée dans un parc des expositions bondé, au bord d'une quatre-voies à l'entrée d'Arcachon.

Mais l'organisation durant cette situation de crise a été exemplaire. Durant de longues journées, nous n'avons cessé d'espérer que le feu baisse en intensité et jusqu'à la dernière seconde, nous ne voulions pas imaginer que le camping puisse brûler. Je crois que je me souviendrai toute ma vie de l'enchaînement des événements quand, hélas, les flammes ont déferlé sur le camping comme un tsunami de feu ce 18 juillet. Vers midi, je reçois sur mon téléphone une photo de Jean-Pierre, notre directeur administratif. Il vient de la recevoir lui-même de son neveu qui, hasard de la vie, est pompier volontaire, en faction devant notre camping. On voit la réception et le restaurant. Tout est normal. Je suis soulagé. Peu après, je me rends dans une boutique de notre fournisseur internet pour récupérer une box indispensable pour que nous puissions rester connectés. Curieusement, je m'aperçois que mon réseau téléphonique est absent. Pas ou peu de signal. Bizarre. Une fois que j'ai récupéré mon matériel au milieu de l'après-midi dans le centre commercial situé à une quinzaine de kilomètres du feu, je sens une forte odeur de brûlé. Je remonte dans la voiture, assez inquiet de ne pas pouvoir contacter l'équipe pour savoir ce qui se passe. Après dix minutes, le réseau revient. Mon téléphone sonne à nouveau. C'est Aurélie :

— Il n'y a plus de campings, tout a brûlé au pied de la dune.

— Mais non c'est impossible, je viens de voir une photo prise à midi, le camping est toujours là !

Je m'accroche à cette vision le temps d'arriver au parc des expositions. Les autorités me confirment la terrible nouvelle. Les Flots bleus ont été dévastés par les flammes. La suite, vous la connaissez.

Je sais que parfois on retient des détails qui semblent insignifiants lors d'un moment tragique mais qui peuvent aussi parfaitement résumer ce qui s'est passé. Quand nous sommes revenus au camping pour constater les dégâts, je me souviens avoir marché sur les gravats encore fumants. Mon regard a été attiré par une bouteille de rosé posée sur une petite table devant une tente. La toile portait des traces de fumée mais presque rien. L'espace d'une seconde, j'ai pensé que les vacanciers s'étaient absentés le temps de piquer une tête dans la piscine. Mais la réalité était tout autre. Juste à côté, tout avait fondu. Tout était détruit. Malgré tout, cinq de nos mobile-homes ont été épargnés par les flammes, tout comme la réception, l'épicerie, le restaurant et le bureau de Franck. Malheureusement nos collègues des campings voisins ont tout perdu.

Loin de moi l'idée de chercher une explication ésotérique à ce constat mais je m'interroge encore aujourd'hui pour comprendre pourquoi le feu n'a pas tout dévoré chez nous. J'ai ma réponse même si je ne suis pas sûr qu'elle soit parfaitement rationnelle. Je crois que c'est papa qui, de là où il est, a encore bataillé pour son camping. Ne me demandez pas comment il a fait mais ceux qui le connaissaient seront peut-être d'accord avec moi… en tout cas, papa, je vais te dire quelque chose : Les Flots bleus seront toujours là.

Nicolas Dayot, président de la Fédération Nationale de l'Hôtellerie de Plein Air

Ce qui s'est passé durant ce mois de juillet 2022 m'a vraiment bouleversé. Je connais particulièrement bien les cinq propriétaires des campings autour de la dune. J'ai suivi comme des millions de Français tout ce qui s'est passé au fil des jours *via* les chaînes d'info et les radios mais j'ai aussi essayé d'apporter mon soutien en leur téléphonant directement. Quand l'incendie s'est fait de plus en plus menaçant, j'ai vite compris que les flammes allaient tout dévaster sur leur passage. J'ai vite pris contact avec le ministère du Tourisme car si la bataille s'annonçait perdue contre l'incendie, il fallait en revanche que la suite des événements soit positive. Je dois dire que l'écoute du ministère a été immédiate et que la réflexion sur l'après-catastrophe a été anticipée. Les fonctionnaires en charge du dossier ont pris la mesure de ce que représentent ces cinq établissements. Ils disposent de la plus grande capacité d'accueil de toute la région du bassin d'Arcachon avec près de 6 000 lits au total.

Alors bien sûr, il y a l'importance économique que cela représente mais ce que je trouve génial, c'est que ces structures touristiques populaires cohabitent sans aucun problème avec des maisons voisines qui valent des millions et des millions d'euros. Leur présence prouve que les Français sont attachés à ce mode de vacances à moindre coût, surtout dans un endroit magnifique qui n'est pas réservé à une classe aisée de la population. Je rappelle que la France est le leader européen du camping et le second au niveau mondial, juste derrière les États-Unis. Mais il ne faut pas que cette réalité en cache une autre, beaucoup plus inquiétante. L'érosion du nombre d'établissements de plein air est amorcée depuis quelques années dans notre pays et perdre d'un coup cinq campings serait, je crois, un coup fatal à notre secteur. Je pense que c'est pour cela que le président de la République a décidé de se déplacer. Bien sûr, il y avait la catastrophe écologique à prendre en compte, c'est indéniable, mais l'aspect humain a aussi largement été considéré. Ces cinq campings sont des emblèmes pour notre profession. Certains sont des entreprises familiales, d'autres, la propriété de groupes plus importants, mais tous sont animés de la même philosophie. Permettre au plus grand nombre de profiter d'un paysage exceptionnel.

Un an presque jour pour jour avant sa venue en Gironde, j'ai rencontré le président de la République dans le Lot, à Saint-Cirq-Lapopie, un des plus beaux villages de France. Nous étions assis autour d'une table dans un petit café et nous parlions du tourisme. Pendant une heure je lui ai détaillé tous les aspects de la profession et son impact économique, de première importance dans notre pays. Je crois qu'il a pris la mesure de notre engagement. Aussi, quand j'ai su qu'il viendrait à la rencontre de la population du bassin d'Arcachon, j'ai tout de suite compris qu'il irait discuter avec les propriétaires des cinq campings sinistrés pour leur dire que personne n'allait les laisser tomber. Au moment où je me replonge dans cet épisode, je ne sais pas exactement où en sont les travaux dans les campings au pied de la dune mais je sais que ce qui est entrepris dans ce décor incroyable est un véritable laboratoire pour le futur. Nous allons suivre chaque étape de la renaissance, que ce soit sur le plan de l'architecture ou sur celui des matériaux utilisés, énergies renouvelables, etc. Toute la profession est prête à accompagner le grand changement qui se dessine. Le Grand Incendie de l'été 2022 a peut-être tout brûlé sur son passage mais la flamme de l'espoir brille plus que jamais au pied de la dune du Pilat !

Fabienne Buccio, ex-préfète de Nouvelle-Aquitaine

Pour moi, tout a commencé ce 12 juillet 2022 par la réception d'un SMS envoyé du Centre opérationnel d'incendie et de secours de la Gironde, faisant état d'un départ de feu à La Teste. Une heure plus tard, je reçois un deuxième message qui m'informe d'un second départ de feu dans le secteur de Landiras. Dans ces premiers moments, je n'imagine absolument pas l'ampleur que vont prendre ces deux incendies. Mais au fil des heures, je commence à prendre la mesure de ce qui se passe quand les pompiers me parlent de véritables murs de feu dans les forêts. Je repense immédiatement à cette réunion que j'avais dirigée à La Teste quinze jours auparavant avec Marc Vermeulen, le directeur du SDIS de la Gironde (Service départemental d'incendie et de secours), autour du dossier de la forêt usagère. Je repense aux mots qu'il avait prononcés devant tous nos interlocuteurs ce jour-là : « La forêt brûlera un jour, je ne sais pas quand, mais elle brûlera. »

Deux semaines plus tard, sa prédiction se réalise avec en plus un double front de flammes à combattre, situation que personne n'avait encore envisagée.

Je décide de partir à La Teste le lendemain matin de bonne heure pour faire le point au PC opérationnel installé près du Mémorial des tirailleurs sénégalais. Je monte dans le camion rouge des pompiers où ont pris place des élus et les responsables des pompiers pour mon premier briefing. L'officier me dresse un topo précis et détaillé et il me propose de survoler la zone en hélicoptère pour mieux visualiser ce qui se passe dans la forêt. Ce que je découvre une fois en altitude est terrifiant. Je vois ce brasier qui me paraît immense et face à lui les nombreux camions de pompiers positionnés au sol, d'où jaillissent des jets d'eau. Après ce vol de reconnaissance, je sais que les pompiers ont mis en place la stratégie adéquate. Quant à moi, ma mission est que tout se passe dans une totale fluidité et efficacité dans cette situation de crise. J'endosse le rôle de « DOS » et je m'associe au « COS ».

En langage préfet, le DOS, c'est le directeur des opérations de secours et le COS, c'est le commandant des opérations de secours, en l'occurrence, Marc Vermeulen. Il y a des décisions à prendre, comme évacuer des populations, faire quitter un lieu par les pompiers ou les envoyer sur un autre front. Tout cela est du ressort du préfet. Ce qui guide chacune de mes initiatives est avant tout la sécurité des personnes. Au plus fort de l'incendie, ce sont plus de 3 000 pompiers qui sont déployés sur le terrain. Je suis en direct par radio toutes les opérations. Je pense que celle qui nous a le plus inquiétés a été celle menée par un équipage qui s'est retrouvé littéralement coincé par les flammes. J'entends encore les voix de ces pompiers quand le feu est passé au-dessus de leur camion. Je veux ici rendre hommage à leur sang-froid absolu malgré le péril. Ils s'en sont sortis indemnes. Notre soulagement est à la hauteur de ce qu'ils ont vécu.

Je crois qu'un des moments les plus difficiles pour moi et pour Marc Vermeulen se situe dans la nuit du 14 juillet. L'incendie semble hors de contrôle tant les vents sont changeants. On ne baisse pas les bras mais l'espace d'un instant, je me dis : « On ne va pas y arriver. » Oui, je me sens un peu impuissante et découragée. Mais quand ces situations se présentent à moi dans mon rôle de préfète, j'ai une règle : je reviens aux basiques. Je me retourne alors vers Marc Vermeulen :

— Marc, qu'est-ce qui éteint le feu ?

Il me regarde, visiblement un peu étonné par ma question. Je poursuis mon questionnement

Oui… Qu'est-ce qui éteint le feu une fois que les pompiers n'arrivent plus à l'éteindre et que les avions ne sont pas suffisants ? Dites-moi ce qui peut éteindre le feu.

Il réfléchit un peu avant de me répondre :

— En l'occurrence quand il atteindra la mer ou alors quand il n'aura plus de nourriture.

Je le regarde et je visualise immédiatement le « basique » :

— Marc, nous allons enlever la nourriture du feu.

C'est à cet instant précis que je décide d'une opération qui va se solder par la mise en place de 200 kilomètres de coupe-feu. Je dois prendre des réquisitions pour pouvoir entrer dans la forêt qui appartient à de nombreux propriétaires et ensuite couper des milliers d'arbres. Je fais appel à de nombreuses entreprises qui peuvent intervenir, y compris un grand groupe de BTP dont le patron est lui aussi témoin de l'incendie depuis sa maison du Cap-Ferret. Il décide de mettre son personnel et ses machines dans le dispositif. Tous les moyens mobilisés vont nous permettre d'enlever la nourriture de l'incendie grâce à un travail colossal effectué jour et nuit, quasiment vingt-quatre heures sur vingt-quatre. Quant aux évacuations, elles représentent sur les deux secteurs géographiques de La Teste et Landiras près de 30 000 personnes dont les 6 000 vacanciers des campings de la dune.

J'ai vraiment espéré jusqu'au bout qu'on puisse sauver ces cinq campings des flammes. Mais en étant témoin d'une scène incroyable, j'ai hélas vite compris que cela serait impossible. J'étais en reconnaissance sur la route qui serpente devant les campings et lorsque nous nous sommes arrêtés, j'ai clairement vu à quelques dizaines de mètres de moi que le feu s'auto-allumait avant que les flammes arrivent tellement la chaleur était intense. J'avais déjà entendu parler du phénomène d'auto-combustion mais quand on y assiste en direct, on a du mal à y croire. Lorsque nous nous sommes extirpés de cette situation qui aurait pu devenir dangereuse, j'ai décidé de réunir les propriétaires des campings pour les informer que la lutte était vaine et que je ne pouvais pas mobiliser les pompiers pour un combat perdu d'avance. Ils ont accepté ma décision avec beaucoup de dignité même si je savais que c'était douloureux pour eux. Ils ont compris que gagner la guerre passait aussi par des défaites. Certes, la bataille des campings nous échappait mais je savais que nous finirions par avoir le dessus.

Malgré tout, mon inquiétude est montée encore d'un cran le 18 juillet. La température ce jour-là dépassait les 40 °C et durant la nuit, le thermomètre était encore à 30 °C. Je ne voulais rien montrer mais mon mari qui regardait la télévision pendant que j'étais interrogée a tout de suite deviné que quelque chose n'allait pas. J'avais peur que le feu soit totalement hors de contrôle et qu'on ait des morts à déplorer. Heureusement, la météo nous a enfin été favorable et au fil des heures, nous avons commencé à prendre le dessus sur l'incendie.

Durant douze jours, j'ai peu dormi L'adrénaline m'aidait à tenir le coup. Je me suis rendu compte que malgré la fatigue et le stress, j'ai toujours réussi à garder mon calme. Bizarrement, je n'ai jamais eu peur. N'allez pas croire que je suis un super-héros, je suis vraiment comme tout le monde, mais je me suis rendu compte que ma capacité d'analyse et de prise de décision n'était pas altérée. Je crois que mon cerveau s'est adapté à cette situation de crise.

Je suis sûre que la présence à mes côtés de professionnels aguerris a largement facilité mon rôle. Je veux vraiment rendre hommage à tous les pompiers qui ont effectué un travail remarquable. Ils ont pris tous les risques pour protéger la population. J'ai une très grande admiration pour ces hommes et ces femmes qui sont intervenus malgré le danger sur le terrain.

Enfin en tant que préfète, je suis une représentante de l'État. Nos concitoyens nous critiquent souvent mais je veux simplement dire que l'État, c'est aussi une belle mécanique. Soyons fiers de notre organisation qui a permis de traverser ce qui restera dans l'histoire comme une des plus grandes catastrophes écologiques sans faire le moindre mort ni de blessés graves. Quel que soit le gouvernement, l'État sera toujours là pour nous aider, pour une raison simple mais qu'il faut parfois rappeler : l'État, c'est nous tous et je suis vraiment fière d'avoir traversé ce moment à vos côtés.

Emmanuel Macron, texte de l'intervention devant la presse du président de la République à La Teste le 20 juillet 2022

Je veux être à vos côtés alors que le feu commence à être contenu, après des jours qui ont été si difficiles. Je veux ici remercier celles et ceux qui ont contribué à cet effort exceptionnel. Les équipes du ministère de l'Intérieur, celles de la sécurité civile et tous nos pompiers professionnels et volontaires. Je remercie aussi tous les services départementaux d'incendie et de secours, évidemment au tout premier chef celui de la Gironde. Je veux aussi remercier madame la préfète de région dont je salue le travail, le très grand professionnalisme et le sang-froid. Je veux également remercier les pompiers militaires et l'ensemble de nos forces de sécurité intérieure qui ont permis justement de sécuriser toutes les zones qui ont dû être évacuées. Je veux remercier toutes les forces vives de la nation. L'Office national de la forêt qui a joué un grand rôle avec sa connaissance de la forêt, et les forestiers, publics ou privés, les bénévoles, les entreprises, toutes celles et tous ceux qui ont donné pour nourrir les pompiers et les accompagner pendant les jours et les nuits où ils ont combattu le feu. Ces remerciements peuvent vous paraître longs mais ils traduisent ce qui vient de se passer durant ces derniers jours. Une formidable chaîne de solidarité humaine pour battre la bête qu'est le feu. Nos pompiers sont des héros absolus qui risquent leur vie chaque jour. Ils ont accompli leur mission avec beaucoup de force mais il y a derrière eux toute cette chaîne qui s'est mobilisée avec beaucoup de courage et de générosité. Je veux ici vous remercier au nom de la nation. Nous avons ici face à nous un des plus grands feux de notre histoire. 36 000 personnes ont été évacuées et il y a eu jusqu'à 3 000 pompiers mobilisés. Vous avez réalisé un travail d'autant plus exceptionnel que malgré ces chiffres, nous n'avons pas eu de victimes à déplorer. Il y a malheureusement quelques maisons qui ont brûlé, nous serons aux côtés de celles et ceux qui ont perdu leur habitation. Je pense aussi à tous les campings qui ont brûlé. J'ai rencontré les gestionnaires, propriétaires et salariés de ces campings et nous les accompagnerons eux aussi dans la reconstruction…

Il faut être lucide. Le changement que nous sommes en train de vivre ne touche pas simplement la France. Tout le pourtour méditerranéen est concerné, et même au-delà. Beaucoup de pays d'Europe qui ne connaissaient pas les grands incendies sont en train de vivre une accélération des conséquences directes du dérèglement climatique. Tout cela va nous imposer de prendre des décisions structurantes dans les mois qui viennent, pour les années qui viennent… Nous allons lancer un grand chantier national, pour replanter la forêt. C'est un immense chantier pour concevoir des règles plus protectrices mais aussi des règles de prévention dans la durée.

Je veux aussi dire que nous serons aux côtés des professionnels du tourisme pour les accompagner et les aider à reconstruire, notamment les campings. Il faut les rebâtir en respectant les règles de préservation du littoral et de prévention des risques. Je veux vous dire ici à nouveau la solidarité de la nation et mon immense fierté, en tant que président de la République, pas simplement d'être à vos côtés mais de voir cette force d'âme qui est là chez nos élus, nos pompiers et tous nos compatriotes.

Fabien Onteniente, réalisateur

Quand les deux incendies se déclarent en Gironde, je rentre du Pays basque et je rejoins Franck à Biscarrosse car il présente en avant-première son film *Rumba la vie* dans le cinéma de la ville. Bien sûr, nous voyons tout de suite la fumée noire très épaisse qui envahit le ciel. Un bon copain qui travaille dans un des campings au pied de la dune m'appelle pour me dire que la situation s'annonce critique. Je connais parfaitement les lieux et je sais que ces campings sont au milieu d'une véritable forêt d'allumettes. J'ai suivi heure par heure ce qui s'est passé là-bas. J'étais sans voix. Quand j'ai vu les images du désastre après que les flammes ont tout détruit ou presque sur leur passage, j'ai ressenti une profonde tristesse. Mais ce qui m'étonne encore aujourd'hui, c'est que le feu ait épargné plusieurs endroits du camping des Flots bleus. Quand j'ai vu l'entrée quasiment normale avec la silhouette de Patrick Chirac devant, je me suis dit : « Mais ce n'est pas possible. Il y a dû avoir une intervention divine ! » Quand on voit malheureusement ce qui est arrivé dans les autres campings, c'est pour moi totalement inexplicable. Comme si le feu avait choisi de brûler tel endroit plutôt que tel autre. Et je veux redire ici ma solidarité pour ces hommes et ces femmes qui travaillent dans cet endroit qui me tient tellement à cœur. Mon histoire d'amour avec le camping en général et Les Flots bleus en particulier commence à mon adolescence en région parisienne.

1977. Je suis au lycée à Nogent-sur-Marne. J'entends une chanson à la radio, interprétée par un jeune artiste qui habite la même ville que moi. Mon oreille retient tout spécialement cette partie : « On a tous dans le cœur des vacances à Saint-Malo et des parents qui dansent sur Luis Mariano… Au camping des Flots bleus je me traîne des tonnes de cafard, si j'avais bossé un peu je me serais payé une guitare… » Vous avez forcément reconnu Laurent Voulzy et son tube écrit avec Alain Souchon, *Rock Collection*. Je crois vraiment que *Camping* est né dès l'instant où j'ai entendu cet air. Pour moi, le camping, c'est donc forcément Les Flots bleus et quand j'ai vu l'entrée de ce lieu au pied de la dune, j'ai su immédiatement que l'aventure du film allait commencer ici.

L'écriture du scénario a commencé comme à chaque fois dans une grande pièce de ma maison. J'ai pris l'habitude de travailler avec des feuilles de papier assez grandes que je colle contre les murs. Je prends des feutres et je dessine toutes les séquences avec des personnages. Alors que je suis environ à la moitié du scénario dessiné, j'apprends le décès de Jacques Villeret. C'est lui qui devait jouer Jacky Pic. On avait déjà travaillé un peu son personnage et je lui dois l'expression « la couillette », cette dose qui permet à Jacky de « maîtriser la consommation de boisson anisée ».

Quand Jacques est mort, c'était compliqué de continuer la création mais un extraordinaire comédien est entré dans le jeu : Claude Brasseur. J'ai discuté avec Claude du personnage de Jacky Pic autour d'une table dans un restaurant. C'était un ami intime de Jacques et quand je me suis lancé pour voir si ce rôle pourrait lui correspondre, il a levé son verre vers le ciel en disant : « Jacky, je vais le faire pour toi ! » La suite, vous la connaissez, je crois, avec ce succès populaire monumental que nous n'avions pas du tout imaginé.

Beaucoup de gens pensent que la série des *Camping* a été tournée uniquement aux Flots bleus, mais en fait, nous avons également tourné dans le camping du Petit-Nice à quelques centaines de mètres de là et dans un autre camping à Arès, de l'autre côté du bassin d'Arcachon. Mais l'entrée du camping, c'est effectivement celle des Flots bleus. En l'imaginant avec ses couleurs bleu et blanc, j'avais dans la tête la chanson de Laurent Voulzy mais aussi une certaine idée de jours heureux.

Quand j'ai rencontré Franck Dubosc, l'alchimie a fonctionné immédiatement. Il avait couché sur les feuilles d'un cahier orange tous les secrets de ses expériences réelles de campeur durant trente ans. Sa vision du camping est identique à la mienne. Franck et moi, c'est Jacob et Delafon. On a pris un plaisir fou à écrire les dialogues et là encore, on n'imaginait pas que certaines répliques allaient devenir culte. Parmi elles, l'inévitable :

— On n'attend pas Patrick !

Au départ, Franck la jouait normalement dans le rythme, même si ce n'est pas aisé de vous l'expliquer ici avec des mots ! Moi, je trouvais que ça n'allait pas alors je lui ai demandé qu'il la joue « syncopé », en marquant des temps assez longs. Et la réplique est devenue un tube comme *Born to be Alive* de Patrick Hernandez.

L'histoire de *Camping* est riche de mille histoires que nous nous racontons, Franck et moi, comme des gosses. Après le premier volet, on a eu envie de retrouver la famille qu'on avait créée au cinéma. Bien sûr on a travaillé mais il y a toujours cet air de vacances en filigrane. On a tous besoin de garder précieusement ses madeleines de Proust, les glaces à la vanille et les verres de menthe à l'eau. Pas de chichis. Pas de manières. Au-delà du film, Les Flots bleus, c'est une parenthèse enchantée. Avec Franck, tant que nous aurons cette joie de travailler ensemble sur les aventures de Patrick Chirac et des Gatineau, on continuera notre chemin sur le sable de la dune. Même si le décor a malheureusement changé, je sais que l'âme de cet endroit est toujours aussi belle. Pour conclure, je voudrais simplement citer cette phrase prononcée par Mamie Bigoudis. C'était une des figurantes du film que tout le monde adorait. Hélas, elle est décédée mais sa réplique résonne encore dans ma tête. C'est la scène où Jacky Pic arrive au camping. Elle l'accueille devant la réception et elle lance dans un grand sourire :

— Oh Jacky arrive, les vacances commencent.

Pour moi, les vacances, c'est ça ! Un ami qui arrive dans le camping. Et même si Jacky est parti vers d'autres cieux, je sais au fond de moi que les jours heureux reviendront aux Flots bleus et, sans trahir de secret, je ne serai pas très loin…

Patrick Davet, maire de La Teste

12 juillet 2022. 15 h 11. Je regarde ma montre machinalement. Je suis chez moi, assis devant mon bureau pour travailler sur des dossiers. Par la fenêtre de notre maison située en bordure de la forêt, j'aperçois au loin une colonne de fumée qui devient de plus en plus noire au fil des minutes. Je crois que comme tout le monde à ce moment précis, je n'ai aucune idée de l'ampleur que va prendre la catastrophe. Sur mon emploi du temps, j'ai coché une réunion en mairie, à laquelle je dois participer. Mais dans un coin de ma tête, ce feu qui a pris dans la forêt domaniale m'inquiète et je confie à un de mes adjoints la mission de superviser la réunion de travail. Je pars avec ma voiture vers le lieu d'où s'échappe la fumée. C'est au bord de la petite route D 214. C'est là qu'une voiture a pris feu, causant le départ immédiat de

l'incendie dans une forêt où la pluie n'est pas tombée depuis des semaines et des semaines. Je rencontre les pompiers sur le premier poste de commandement, qu'ils ont installé tout près de la stèle en l'honneur des tirailleurs sénégalais. Le camion rouge est garé sur le bas-côté, à quelques centaines de mètres des flammes. C'est la première fois que je suis confronté à une telle situation et je fais en sorte de ne pas gêner leur action. Une chose m'importe : les aider au maximum. Je leur donne pour commencer des informations sur les cabanes qui se trouvent dans les bois et qu'il faut évacuer. Au total, il en existe plus d'une centaine et bon nombre d'entre elles sont habitées à l'année. Je reste avec eux avant de repartir chez moi à 23 heures pour prendre un peu de repos. Forcément, impossible de dormir. Je me lève vers 4 heures du matin et malgré la nuit noire on devine que la situation se dégrade. Les pompiers me proposent de partir en vol de reconnaissance au-dessus de la forêt. Ce que je vais découvrir est tout simplement terrifiant.

Je ne vois qu'une marée de flammes rouges incandescentes qui se propagent dans tous les sens. Je distingue les innombrables camions de pompiers et les soldats du feu qui sont au cœur de l'action. J'ai l'impression d'être dans une scène du film consacré à la guerre du Vietnam, *Apocalypse Now*. La lueur rouge de l'incendie est à elle seule complètement hors norme. Quand l'hélicoptère se pose, je prends toute la mesure de ce qui est en train de se passer. Je devine que le combat des pompiers peut s'éterniser alors je décide de tout faire pour leur faciliter la vie. Je téléphone à un propriétaire d'une grande surface de La Teste et je lui demande s'il peut préparer une cargaison de fruits, de céréales et de boissons. Il dit oui tout de suite, sans réfléchir. Je pense qu'il ne lui faut pas plus d'une heure pour débouler sur le PC des opérations avec son 4 x 4 littéralement rempli de victuailles pour les pompiers. Parallèlement, je demande à la police municipale de faire le tour des boulangeries de la commune pour voir si les boulangers sont d'accord pour nous donner des viennoiseries à destination des soldats du feu. Là encore, la solidarité est totale.

Mais je ne peux m'empêcher de constater que le feu s'intensifie. Chaque seconde qui passe, c'est un bout de forêt qui brûle. Cette forêt que je connais si bien depuis mon enfance. Je suis vraiment touché aux tripes. Lors d'une reconnaissance avec les pompiers au plus près des flammes, j'entends les arbres qui se tordent dans un vacarme étourdissant. L'officier des pompiers pressent le danger imminent :

— Vite il faut partir d'ici, la situation peut devenir dangereuse pour nous !

Les vents tournent dans tous les sens et le PC opérationnel est transféré près du zoo car la D 214 devient une zone sensible. Je suis le témoin direct de l'incroyable sang-froid des pompiers et de leur courage face aux événements. Ancien rugbyman, j'ai toujours fonctionné avec l'esprit d'équipe et j'ai le sentiment de retrouver cet esprit aux côtés des pompiers. Je me retrouve à dormir sur une chaise devant le PC avant d'assister à un briefing en pleine nuit. Quand la décision d'évacuer les 6 000 campeurs des cinq campings de la dune est prise, je sais que la situation devient plus critique. Même si je suis vite rassuré sur le sort de tous ces vacanciers efficacement pris en charge par les autorités, je m'inquiète de ce qui attend les campings. Le vent ne cesse de tourner, rendant encore plus compliquée la mission des pompiers.

Lors d'une autre mission de reconnaissance sur le secteur de Cazaux, je me retrouve à nouveau non loin du feu et je suis témoin d'une scène incroyable. Un Canadair fonce vers la flamme. Il plonge littéralement sur nous. Je filme ce qui se passe avec mon téléphone. L'avion va disparaître durant six secondes dans l'épaisse fumée avant de sortir du brasier après avoir lâché ses 6 000 litres d'eau. Je savais que les pilotes étaient courageux mais je ne les avais encore jamais vus en pleine action.

Durant douze jours, je dois avouer que personne ne s'est jamais découragé. C'est une des leçons que je retiens de cette période hors norme. La population a été exemplaire de dignité et de solidarité. On a réussi à surmonter les épreuves tous ensemble avec parfois aussi des parenthèses plus légères. J'ai notamment en tête cette discussion au PC des pompiers, autour d'une table sur laquelle sont posés les ordinateurs. Nous réfléchissons à l'évacuation d'une petite zone industrielle de La Teste où se trouve une société de recyclage qui fonctionne avec des produits inflammables. Elle appartient à Bernard Capy, un ancien camarade de l'école primaire. Les pompiers préparent un plan d'évacuation du site. Bien sûr, l'ambiance est sérieuse et je ne sais pas pourquoi mais je m'entends leur dire :

— Oui… Capy, c'est fini !

Allusion à une vieille chanson d'Hervé Vilard, pour celles et ceux d'entre vous qui n'ont pas la référence. Les responsables des pompiers me regardent et nous partons tous dans un fou rire sonore. L'entreprise n'a pas été touchée par les flammes mais le souvenir de ce rire m'est précieux. J'en profite pour saluer mon ami Bernard ! Dans ces moments-là, l'humour peut être un véritable exutoire après des jours et des jours de stress.

Ce qui est sûr, c'est qu'encore une fois, je tiens à rendre hommage à tous les « gens du bassin d'Arcachon » qui ont été présents dans cette épreuve à quelque niveau que ce soit. Ce sont eux qui m'ont donné l'énergie de rester combatif et déterminé. Personne ne sait avant de vivre un tel événement comment on va s'en sortir. Alors oui, on a tous été un peu cabossés et sonnés mais en même temps, tous immensément fiers d'avoir pu compter les uns sur les autres.

Plusieurs mois après cet incendie qui s'inscrit dans l'histoire de notre territoire, je dois avouer que le traumatisme de notre forêt brûlée est encore présent. Plus tard, les enfants des écoles primaires avec qui j'ai échangé sur cet épisode raconteront à leurs petits-enfants ce qui s'est passé durant ces douze jours de juillet 2022.

Jean-Marc Pelletant, maire de Landiras

Je ne sais pas si un jour un statisticien se penchera sur la probabilité que deux incendies géants se déclarent à une heure et demie d'intervalle et 75 kilomètres de distance mais une chose est sûre, c'est arrivé. La grande différence entre ces deux feux géants, c'est que l'origine de celui de La Teste est accidentelle et celle de Landiras, criminelle.

Quand les pompiers sont venus me chercher ce 12 juillet et que je me suis retrouvé face à des flammes de 10 mètres de hauteur, j'ai vite compris que la situation serait compliquée. Le survol en hélicoptère de la forêt reste lui aussi dans ma mémoire, avec ce mur enflammé gigantesque de presque 2 kilomètres de largeur. J'ai été informé presque tout de suite que le même spectacle de désolation se déroulait près de la dune du Pilat et que les Canadair avaient commencé leurs rotations là-bas avant de venir en appui chez nous. Mais je suis resté concentré sur ma commune. Est-ce mon passé de militaire qui m'a aidé dans cette mission ? Peut-être, mais je n'ai jamais aussi peu dormi que durant cet été 2022. Lorsque des situations hors normes telles que celles-ci surviennent dans votre existence, il est presque normal de vivre des moments d'une rare intensité sur le plan émotionnel. Je me souviendrai longtemps de ce formidable élan de générosité de la population envers les pompiers qui se sont dévoués corps et âme dans le combat contre les flammes. Au plus fort de la crise, nous avons accueilli jusqu'à 1 200 pompiers dans notre commune. Ils avaient établi leur quartier général dans la salle polyvalente. C'est là qu'ils venaient se reposer avant de repartir inlassablement et courageusement sur le front des flammes. Certains dormaient à même le sol sur les aiguilles de pins, exténués à leur retour de mission.

Je me revois aussi marcher seul dans les rues désertes de ma commune après l'évacuation à cause du risque de toxicité des fumées. Ce qui m'a le plus surpris, c'était le silence absolu. Le silence d'une ville fantôme. Personne ne peut imaginer vivre un tel scénario. Même dans les différents exercices incendie que nous avons effectués les années précédentes, personne ne pouvait concevoir que 1 500 hectares partiraient en fumée en une seule nuit. Il faut ajouter à cela des températures caniculaires avec 42 °C à l'ombre certains jours pour comprendre combien la vie quotidienne a été compliquée pour toutes nos familles qui ont dû laisser leur maison plusieurs jours avant de pouvoir la réintégrer. Nous avons vécu avec ce feu durant des semaines et même des mois. Certaines reprises de feu ont même été constatées et filmées à quelques jours du 25 décembre 2022 à Hostens, une commune située une trentaine de kilomètres au sud de Landiras. Vous comprendrez que l'inquiétude est donc toujours de mise dans nos esprits, d'autant que la personne qui a volontairement allumé cet incendie n'a toujours pas été identifiée.

Malgré les efforts des gendarmes qui tentent de remonter la piste criminelle, nous faisons systématiquement face à des impasses. En attendant, je veux ici dire toute ma solidarité avec les élus du bassin d'Arcachon, touchés eux aussi par les flammes, en espérant que nous n'ayons plus à connaître pareille catastrophe dans le futur.

Fabrice Carre, technicien de l'Office National des Forêts

Une photo de la forêt et une impressionnante colonne de fumée qui s'en échappe dans le ciel. C'est ce cliché que je reçois sur mon téléphone dans l'après-midi. Il m'est envoyé par mon collègue Cédric qui participe à la réunion traditionnelle du début de semaine avec les pompiers. Je comprends très vite que quelque chose de grave est en cours et je décide de me rendre immédiatement au PC opérationnel des pompiers pour proposer mon aide. Même si je ne sais pas combattre les flammes, je connais parfaitement les lieux et cela peut s'avérer utile dans les prochaines heures. Je travaille dans cette forêt depuis plusieurs années. Je redoutais que ce moment arrive mais je suis loin de me douter de l'ampleur que va prendre la catastrophe. Au début, j'assiste en spectateur attentif aux nombreux briefings des pompiers. Je suis venu avec mon véhicule 4 x 4 dans lequel j'ai chargé quelques affaires de rechange et une tronçonneuse. Finalement, j'hérite d'une première mission. Je sers de guide à un des chefs de secteur dans différents points de la forêt.

Je passe ainsi les premiers jours sans quitter le PC, dormant dans ma voiture et me nourrissant des aliments donnés aux pompiers. De toute façon, je ne peux pas rentrer chez moi. La maison forestière est directement menacée par les flammes. Elle n'a pas encore brûlé mais je devine au regard de l'évolution de l'incendie que c'est hélas une question de temps. On me confie alors une deuxième mission. Cette fois, je dois servir de guide à un énorme camion-citerne. On doit partir de nuit pour positionner le camion sur une position stratégique. J'accepte même si je sais que rouler dans l'obscurité dans ce véritable labyrinthe de chemins forestiers est loin d'être évident. Heureusement j'ai mes repères visuels et une bonne mémoire de ces lieux où je passe régulièrement durant mes patrouilles de surveillance. Pour ceux qui connaissent un peu cet endroit, nous le surnommons la route des pétroles car une compagnie y a installé en différents points du matériel de forage. Plus que mon « GPS mental », c'est l'adrénaline qui me guide jusqu'à cette petite cabane en contrebas, située tout près de la position. Mission accomplie. Je repars vers le PC opérationnel mais cette foi, s contrairement à l'aller où j'étais « protégé » par les pompiers, je suis seul au milieu de la forêt. Heureusement, je rentre sans problème.

La troisième mission que l'on me confie est de veiller avec mon collègue Cédric à l'évacuation totale des parkings qui mènent aux plages océanes, et notamment celui du Petit-Nice. Cette fois le stress est plus important. Il est 2 heures du matin. Sur le chemin, nous croisons des colonnes de pompiers. Le feu est de chaque côté de la route. On reste concentrés sur notre objectif. Pas question de trop cogiter. Le temps presse. On arrive enfin au parking. On klaxonne à tout rompre pour réveiller les occupants des dizaines de camping-cars garés sur place sous les pins. Les portes s'ouvrent et les vacanciers comprennent immédiatement en nous voyant que quelque chose de grave se passe. Ils nous entendent aussi crier « *Fire ! Fire ! Fire !* ».

Tous les véhicules démarrent quelques minutes plus tard et prennent la direction de Biscarrosse, dans les Landes. De toute façon, la route est barrée dans l'autre sens car le feu se propage vite. Nous restons tous les deux sur le parking désert. On continue d'inspecter pour n'oublier personne. On tombe sur une voiture inoccupée. On doit absolument trouver son ou ses occupants. On cherche partout aux alentours jusqu'à ce que nos regards soient attirés par une forme entre deux arbres. C'est un hamac accroché aux troncs. On se précipite et on réveille l'homme qui était paisiblement endormi. Lui aussi comprend très vite qu'il ne faut pas rester une seconde de plus. Il grimpe dans sa voiture et démarre au quart de tour pour rejoindre le convoi.

Cette fois, il n'y a plus personne. On peut rentrer au PC. C'est ce soir-là que nous entendons les bruits effrayants des bouteilles de gaz qui explosent dans les campings autour de la dune. Ces détonations sont d'une violence inouïe. Heureusement, il n'y a pas de blessés et pas de victimes à déplorer. C'est ce que je garde en tête après avoir traversé cette épreuve. Aujourd'hui, je ne peux que constater combien la forêt a souffert de cette véritable Apocalypse. On estime que 80 000 m^3 sont partis en fumée. Je ne peux donner un chiffre précis mais concrètement, cela représente plusieurs centaines de milliers d'arbres. Je garde aussi en tête notre capacité commune à surmonter les obstacles comme quand une cinquantaine d'engins de chantier ont réussi à construire un gigantesque pare-feu de 300 mètres de largeur en quelques heures.

Le Grand Incendie nous a certes effrayés, mais on se doit de reconstruire aujourd'hui cette forêt dévastée pour les générations futures. Le défi est immense mais on va y arriver.

Marc Vermeulen, contrôleur général, directeur départemental du SDIS 33 et chef de corps des sapeurs-pompiers de la Gironde

Nous avons dû faire face durant ce mois de juillet 2022 à une situation hors norme. Personne n'aurait pu prévoir que deux incendies dans des massifs forestiers démarrent à une heure et demie d'intervalle. Si l'on ajoute à cela des températures caniculaires et un déficit hygrométrique important, on comprend pourquoi la situation s'est rapidement compliquée au fil des heures et des jours qui ont suivi. Nous avons rapidement compris que ces deux feux allaient forcément créer une infériorité numérique dans nos rangs. J'ai immédiatement demandé des renforts pour que nous puissions combattre sur deux fronts simultanément. La priorité des priorités a été de protéger les vies humaines. Je rappelle que durant une courte période nous avons dû faire face à 635 départs de feu alors que ce chiffre est traditionnellement de 400 pour une année. Je crois pouvoir dire sans trahir de secrets que personne n'avait imaginé que cette catastrophe prendrait une telle ampleur. À l'image de toutes celles et tous ceux qui m'ont entouré pendant cette bataille contre les flammes, je suis moi aussi passé par des moments de doute et d'interrogation. Mais dans ces cas-là l'esprit d'équipe permet toujours d'entrevoir une solution. L'organisation que nous avons mise en place, avec notamment toujours les mêmes officiers de commandement qui se relayaient le jour et la nuit, nous a permis de tenir malgré les difficultés qui surgissaient sans arrêt. C'est vrai que nous sommes formés pour ça mais la réalité du terrain nous oblige aussi à sans cesse nous adapter à la marche des événements. Il faut encore insister sur la grande solidarité entre les services de l'État, jusqu'aux conseillers municipaux des plus petits villages évacués. Tout le monde a fait preuve d'un grand sang-froid malgré les moments de découragement qui ont pu surgir ici et là. J'ai aussi en tête les formidables messages des enfants pour nous encourager. Souvent des mots écrits à la hâte sur des draps blancs ou des morceaux de carton avec des cœurs. Lorsqu'on tombe sur ces mots lors d'une patrouille, je peux vous dire que nous sommes touchés par ces marques de soutien.

Malgré l'ampleur de ces deux incendies, je me refuse toujours à parler de « méga-feux ». Ce terme peut laisser croire que la situation est totalement hors de contrôle. Loin de moi l'idée de dire que nous contrôlions ces deux incendies, surtout quand on voit brûler en quelques secondes un pin de 40 mètres ou que l'on voit avancer des flammes hautes comme des geysers de feu de 80 mètres de hauteur, mais nous avons fait en sorte de minimiser le plus possible les risques et les dégâts. Nous ne déplorons aucun blessé parmi la population et au total, dix-neuf habitations ont été détruites, sans oublier bien sûr les cinq campings de la dune du Pilat.

Quand je repense à ce mois de juillet 2022, je ne peux m'empêcher de revivre ce que nous appelons le lundi noir. Le 18 juillet. C'est là que nous avons pris le plus de coups. Nous avons perdu durant une heure le contact avec un équipage avant de le retrouver sain et sauf. Il faut savoir que plus de 40 % du matériel engagé dans les deux incendies est hors service. 10,4 millions d'euros sont nécessaires pour réparer nos camions mais aussi pour indemniser les entreprises qui sont intervenues pour créer des coupe-feu. Je tiens à rendre hommage à toutes celles et tous ceux qui se sont battus sans relâche dans nos rangs contre les flammes. Je sais que nous avons frôlé des catastrophes et des drames humains. J'adresse ici tous mes vœux de rétablissement à nos deux pompiers qui ont dû faire l'objet de greffes à cause de leurs brûlures. Heureusement, ils sont hors de danger aujourd'hui. J'insiste à nouveau sur le dévouement et le professionnalisme dont tous nos effectifs ont fait preuve et je rappelle ce bilan : sur 4 400 bâtiments et constructions exposés directement au feu, moins de 1 % a été détruit. Je ne reviendrai pas ici sur certaines polémiques qui ont parfois envenimé le débat. Le débat est toujours intéressant s'il permet de trouver ensuite des solutions. Nous avons été attaqués sur notre stratégie mais je rappelle qu'elle repose notamment sur la rapidité et la mobilité de nos unités sur le terrain, qui vont au contact du feu sur l'ensemble du massif des Landes de Gascogne.

Mais c'est vrai que dès lors que nous sommes confrontés à des feux aussi puissants, nous devons répondre avec des moyens eux aussi plus puissants, notamment les moyens aériens. Enfin rien ne sera possible sans la coopération et le dialogue avec les propriétaires forestiers pour définir des moyens d'accès facilités dans les zones boisées.

Une chose est sûre, nous avons beaucoup appris durant cet été 2022. Le retour d'expérience n'est pas encore achevé mais il est mené avec beaucoup d'application dans nos différents services et nous allons en tirer de nombreux enseignements. En attendant, nous devons rester vigilants même à très courte échéance. Le déficit en eau est toujours d'actualité et on a repéré certains feux qui couvent toujours dans le massif forestier, même plusieurs mois après l'incendie. Les projections des changements climatiques laissent craindre que d'autres grands incendies soient possibles. Mais quel que soit le futur, notre mission sera toujours de veiller à la sécurité de la population.

Chapitre bonus

… Et demain ?

4 avril 2046. J'ai 78 ans. Assis au sommet de la dune, je termine mon verre de vin blanc sec en essayant de me souvenir de la forme exacte du Banc d'Arguin. Il a été englouti il y a bien longtemps par l'océan mais j'aime tracer ses contours avec mes doigts sur le sable chaque fois que je monte ici. Quand je tourne la tête, je vois cette forêt singulière de beauté. Tant d'essences d'arbres se mélangent. Les eucalyptus qui devaient ne rester que quelques années pour aider la repousse des pins sont finalement toujours là. Ils sont même désormais totalement intouchables depuis que des centaines et des centaines de familles de koalas ont été emmenées ici *via* un programme environnemental entre la France et l'Australie. Il faut dire que là-bas, les eucalyptus ne peuvent pas résister aux températures caniculaires qui sont quotidiennes depuis que l'hiver n'existe plus. Une vingtaine de ces adorables créatures

vivent au milieu du camping et sont devenues de véritables stars. Je souris et je repense à Chonchon, le petit marcassin. Pourquoi l'image de son espèce n'est elle pas aussi positive que celle de ces marsupiaux aux yeux tout ronds et aux oreilles poilues? Franchement, si un jour on m'avait dit que des koalas seraient parmi nous au camping, je ne l'aurais pas cru. On a même dû représenter une tête adorable de l'animal sur la silhouette en titane et carbone bio qui représente Franck Dubosc pour que les gens continuent de passer leur tête et prendre la photo mythique quand ils passent devant la réception. J'avoue que moi-même, j'ai du mal à me dire que cette habitude perdure depuis si longtemps (il faut dire que les trois volets de la saga *Camping* sont régulièrement diffusés à la télévision au moment des fêtes). On m'a expliqué que les derniers appareils photos oculaires permettent même de créer directement son avatar du comédien et de lancer ses répliques avec sa propre voix. Toute cette technologie me dépasse un peu. De mon côté, je dois vous avouer que j'ai passé la main depuis longtemps. Je continue de jouer le rôle de consultant depuis que j'ai pris ma retraite. Je continue de venir, bien sûr, mais juste pour le plaisir. Je bois un verre et je me balade dans les allées avec ma tribu de petits-enfants. Aujourd'hui est un jour spécial puisque nous fêtons les 80 ans des Flots bleus. 80 ans ! Incroyable. Franck Dubosc et Fabien Onteniente doivent venir nous rejoindre. Aux dernières nouvelles, leur bateau depuis Bordeaux a un peu de retard. Ah oui, je ne vous ai pas dit, mais Bordeaux ressemble à Venise. L'eau a tout envahi et on se déplace depuis cinq ans en barque dans les rues. Il y a aussi une flotte de *boat-libs* électriques que l'on peut louer à toute heure du jour et de la nuit comme autrefois les antiques trottinettes. On peut même naviguer sur des canoës intelligents qui rament tout seuls avec des pagaies d'un blanc immaculé. C'est un des fils d'Elon Musk qui a créé ces embarcations dotées d'une redoutable intelligence artificielle. Comme son père en son temps qui avait envoyé une voiture décapotable dans l'espace avec un poste radio diffusant le morceau Starman de David Bowie, il a lui aussi expédié un bateau dans le cosmos avec un haut parleur d'où jaillit pour l'éternité “in the navy” du groupe préhistorique Village People. Je ne sais pas si une civilisation extraterrestre peut tomber un jour sur l'un ou l'autre de ces objets volants mais en attendant, la plupart des villes du monde qui sont aujourd'hui sous les eaux se sont équipées de ces bateaux. Il suffit de claquer des doigts et un bateau arrive vers vous. Vous donnez votre nom pour la reconnaissance vocale, vous posez votre œil sur un voyant pour le paiement instantané grâce à votre carte bleue oculaire et le tour est joué. J'ai souvent eu l'occasion de me promener sur ces bateaux et j'avoue que c'est assez sympa. J'ai même péché à la traîne sur le cours de l'Intendance, mais sans attraper le moindre poisson.

Une grande partie de la population de Bordeaux a migré vers les hauteurs, à Cenon et Lormont, Floirac. Des tours immenses ont poussé un peu partout. Nous non plus, nous n'avons pas été épargnés autour du Bassin. L'île aux Oiseaux n'est plus qu'un lointain souvenir même si parfois on devine encore, suivant les marées, le toit d'une cabane Tchanquée. Au moment où j'écris ces dernières lignes, juste en face de moi, j'aperçois encore le phare du Cap-Ferret. L'eau n'est pas encore arrivée sur cet endroit de la presqu'île mais ce n'est sans doute qu'une question de temps. Les parcs à huîtres ont été déplacés quasiment sur ce qui était autrefois le boulevard de la Plage à Arcachon. Les ostréiculteurs se sont adaptés à la montée des eaux en construisant des ports sur pilotis. On se retrouve le dimanche midi au pied des pontons pour déguster les huîtres et le pâté. Il y a des choses de la vie qui ne changeront jamais.

En attendant, l'anniversaire des flots bleus se prépare. Nous sommes encore tous sur la dune comme si rien n'avait changé. Trente ans se sont écoulés depuis l'été qui a suivi le Grand Incendie. On a tous un peu vieilli même s'il me semble que globalement, quand je regarde tous mes amis, je suis celui qui a le mieux résisté aux morsures du temps qui passe. Juste en arrivant, Sébastien m'a annoncé qu'il avait été contacté par une société préparant des vacances virtuelles aux Flots bleus. Si j'ai bien compris le concept, on reste chez soi mais on met un casque sur sa tête et on se balade dans les allées du camping comme si on y était vraiment. Il est question d'hologrammes dernière génération et d'avatars plus vrais que nature. Quand j'ai découvert le mien, je n'étais que moyennement convaincu. Je vais quand même réfléchir à lui faire escalader l'Everest dont l'ascension virtuelle est également à l'étude par cette société.

Durant ses trois dernières décennies, le monde a profondément changé. Nous sommes désormais presque 10 milliards à essayer de nous faire un peu de place sur la planète bleue. Comme je vous le disais, elle n'a jamais aussi bien porté son nom. Depuis 2023, le niveau des océans s'est élevé de presque 40 centimètres et les cités lacustres ont poussé sur tous les continents. La lune est désormais une sorte de colonie habitée par des chercheurs sous la responsabilité de Thomas Pesquet. Il se dit tout de même qu'il pourrait bientôt prendre sa retraite lui aussi. Curieusement, dans cette gigantesque révolution sur fond de métavers, le camping reste une activité recherchée par les vacanciers. Le matériel n'a plus rien à voir avec les bonnes vieilles canadiennes de mon enfance. Les tentes ressemblent à des igloos en aluminium. Pour les monter, vous ouvrez le sac et tout se fait tout seul. Leur matière permet de produire de l'électricité grâce au soleil mais aussi au vent. Elles sont aussi thermo-modulables. Quant aux mobile-homes, nous devons tester tout à l'heure à l'occasion du 80e anniversaire un tout nouveau modèle. Les parois se déplacent toutes seules suivant le nombre de personnes à l'intérieur et tout est autonettoyant sans créer le moindre gramme de pollution. J'ai hâte de découvrir cette nouveauté. En revanche, je suis heureux que la nouvelle direction du camping ait refusé catégoriquement de faire appel à des robots comme l'ont choisi de nombreux autres établissements de plein air. Réceptionnistes, maîtres-nageurs, vigiles, pizzaïolos, agents d'entretien… Ils peuvent occuper tous les postes mais aux Flots bleus, on reste 100 % humains.

Quant à la dune, elle n'a finalement pas tellement bougé malgré les prévisions. Elle a perdu à peine une vingtaine de mètres de hauteur. Une grande bande de sable de plusieurs centaines de mètres s'avance désormais dans la forêt à 2 kilomètres du camping. Au bout du compte, je me rends compte que j'éprouve toujours la même sensation quand je pose mes fesses sur le sable en regardant le large. Mais je réalise soudain que je vous parle, que je vous parle, et le discours que je dois prononcer pour la cérémonie d'anniversaire n'a, lui, pas avancé d'un mot. J'ai essayé de l'écrire durant les semaines qui ont précédé le grand jour, mais rien à faire. Pas d'inspiration. Pourtant j'étais tranquillement installé sur le balcon de notre maison dans les arbres.

Ah oui, je ne vous l'ai pas dit, mais je vis avec Julia depuis une quinzaine d'années dans une magnifique cabane perchée à une quinzaine de kilomètres d'ici. C'est un village qui a été conçu par un architecte visionnaire totalement fan de *Star Wars*, un vieux film des temps jadis où il était question de chevaliers avec des sabres laser. En fait, dans un des épisodes de cette saga cinématographique, une tribu de petits êtres adorables qui ressemblent à des nounours vivent tous dans les arbres. Et nous les avons imités grâce à ce programme immobilier complètement fou. En fait, nous habitons sur les branches d'un hariara. C'est un ficus géant. Un arbre magnifique que l'on appelle aussi l'arbre gratte-ciel, même s'il ne culmine qu'à une dizaine de mètres de hauteur. Les hariaras poussaient essentiellement à Sumatra et principalement dans deux des îles de l'archipel qui sont aujourd'hui hélas totalement sous les eaux elles aussi. Heureusement, là encore, la France a proposé d'être un sanctuaire pour que ces merveilles végétales soient réimplantées dans un territoire privilégié. Et encore une fois, c'est notre petit coin qui a été choisi. J'avoue que le fait d'avoir une présidente de la République née à La Teste a pu aider à ces prises de décision. Je n'ai pas encore vérifié mais il semble que ses parents ont été des clients du camping durant plusieurs étés de leur jeunesse.

Alors que je suis plongé dans toutes ces pensées, je vois Julia qui se rapproche de moi tranquillement et tout sourire. Je pense qu'elle sait exactement ce qui se passe : en ce 4 avril 2046, je ne sais toujours pas ce que je vais bien pouvoir raconter. Au fil de mon récit, je vois accoster des dizaines de bateaux avec des personnalités à bord. Je commence à sentir le doux parfum des grillades qui montent dans le ciel depuis le grand barbecue du camping. On devine aussi les essais de la sono. Thierry est revenu aux platines pour l'occasion. Je lui ai dit de passer dans la soirée nos deux morceaux préférés. *Larme fatale* de Julien Doré pour Julia et *Bohemian Rhapsody* de Queen pour moi…

Justement, Julia m'interroge du regard. Je sais ce qu'elle me demande : « Alors tu es prêt ? On y va ? » Bon, je vais faire comme au bon vieux temps. Tout à l'impro. Je m'apprête à me caler dans le tube de verre qui permet de monter ou descendre la dune en cinq secondes mais Pavel n'est pas d'accord.

— Papa, on va descendre par le sable d'accord ? Les enfants veulent vraiment le faire avec toi et maman comme avant. Allez, venez !

— Bon OK !

Je retrousse mon pantalon. Le sable est délicieusement frais sous nos pieds. Julia me prend la main et on s'apprête à sauter dans le vide quand une voix résonne juste derrière moi. Je me retourne et je devine dans le soleil couchant les cheveux blancs d'un homme. Il a une longue barbe tout aussi blanche que ses cheveux. Il s'immobilise. Il est en maillot de bain avec un tee-shirt sorti d'un autre temps. Je crois le reconnaître. Il a un peu vieilli lui aussi mais sa voix est restée la même.

— Alors… On n'attend pas Patrick ?

Achevé d'imprimer en mars 2023
sur les presses de la Nouvelle Imprimerie Laballery
58500 Clamecy
Numéro d'impression : 303278

Imprimé en France

La Nouvelle Imprimerie Laballery est titulaire de la marque Imprim'Vert®